미셔널처치 바로알고 시작하기

- 2019-2020 한국선교신학회 / 세뛰새KOREA 공동포럼 -

한국적 상황에서 다양한 방법으로
미셔널처치를 시작한 목회자들의 이야기와
선교 신학자들의 열띤 토론의 장!

꿈을 이루는 사람들

한국적 선교적교회 자리매김 총서❶
미셔널처치 바로 알고 시작하기

초판 1쇄 발행 2020년 12월 28일
편저자 한국선교신학회·세뛰새KOREA
펴낸곳 (주)디씨티와이북스
출판등록 제16-3821호
주소 (06258) 서울시 강남구 도곡로 110
전화 02-529-7722
팩스 02-571-5353
홈페이지 www.dctybooks.co.kr
전자우편 dcty@dctybooks.co.kr

ISBN 978-89-6804-046-7
978-89-6804-045-0 (세트)

한국적 선교적교회 자리매김 총서 ❶

미셔널처치 바로알고 시작하기

한국선교신학회 · 세뛰새KOREA 편저

꿈을 이루는 사람들

추천의 글

본서는 현장의 목회자들과 선교학자들이 한국적 상황에서 교회, 특히 지역교회들을 연구하고 성찰하여 얻은 생각과 경험을 나눈 내용을 담았다. 필자는 본서를 추천하면서 독자들이 다음의 세 가지를 배우고 익히기를 기대한다. 선교적 교회에 관한 신학적 관점, 선교적 교회를 실천하는 원리, 선교적 교회의 원리를 실제로 진행하는 다양한 프로그램이다.

그 어느 때보다 목회가 어려운 시대에 세상을 향한 하나님의 사랑과 꿈을 교회를 통해서 일구어 가는 목회자들의 용기있는 도전과 지혜로운 선교적 교회 이야기는 읽는 사람들에게 감동과 공감과 함께 실천을 위한 구체적인 방향을 알게 할 것이다. 그동안 한국 교회는 교인수의 증가와 교회 건물과 활동규모를 크게 하는 성장이라는 패러다임으로 몇 십 년을 보내왔다. 사실상 교회가 속한 지역의 차이, 목회자의 관심과 은사의 차이, 교회를 이루는 성도의 차이 등 각 교회가 가진 특성과 다양성을 무시하고 모든 교회가 획일적으로 성장이라는 한 가지 목표를 향해 달려왔다. 이 책에서는 목회자와 지역의 특성에 따라 교회가 얼마나 다양하고 개성있게 세워질 수 있는지를 보여준다.

필자는 교수로 재직하던 초기부터 한국 교회 현장에 대한 깊은 관심을 가지고 이론적으로 연구할 뿐 아니라 전국의 교회 현장을 연구하면서 현장의 교회와 목회가 주는 생생한 선교운동성과 생명력을 경험하고 있다. 현재 답보상태에 머물러 있는 한국 교회에 생기를 불어넣어주며 새로운 길을 제시할 수 있는 지혜와 통찰을 현장의 교회와 목회자, 성도들의 선교적인 참여를 통해서 얻은 바 있다. 그렇기 때문에 현장의 이야기를 통해서 풀어내는 하나님 나라의 이야기는 교회가 활성화 될 뿐 아니라 교회를 통해서 세상을 아름답게 변화되는 길을 기대할 수 있다.

본서는 선교적 교회에 관한 이론과 현장을 잘 소개하는 내용을 담은 책으로서 다음과 같은 특징을 가지고 있다.

첫째, 이 책의 구성이 선교적 교회를 소개할 뿐 아니라 실천하려는 목회자들에게 실질적인 좋은 지침서 역할을 한다. 1부에서는 선교적 교회를 실천하는 다양한 교회 현장의 이야기를 체계적으로 소개하고, 기성교회가 선교적 교회로 전환하는 과정을 잘 설명하고 있다. 현장 이야기에 대하여 선교학자들이 선교적 교회 관점에서 그 교회들이 갖는 의미와 역할을 정리한다. 그 후에 전개되는 토론회는 선교적 교회의 현장과 이론이 갖는 다양한 논점들과 질문들을 더 깊이 다룸으로써 선교적 교회에 갖는 다양한 질문을 제기하고 함께 답을 찾아간다.

둘째, 앞에서 언급한 바와 같이 세상에 세워진 교회는 획일적이 아니라 다양한 특징을 갖는다. 어떤 교회 경험이 모든 교회에 실천할 수 있는 보편성을 갖지 않는다. 본서에 소개된 교회들은 지역과 교회와 목회자들의 다양성을 그대로 드러내면서 각자가 속한 지역에서 하나님 나라의 다양한 이야기를 보여준다. 하나님은 획일적인 분이 아니다. 우리는 다른 교회 사례를 무턱대고 모방할 필요가 없다. 나와 우리에게 주신 은사와 재능, 비전을 발견하여 각 교회가 처한 상황과 목회자에 따라 개성과 확신을 가진 목회를 실현하는 것이 가능하다는 사실을 본서가 보여준다.

셋째, 기성교회가 선교적 교회로 전환되는 과정을 잘 설명해 주고 있다. 먼저 목회자의 인식의 변화로부터 출발하여 교회 안에 성도들과 인식을 공유하고, 교회 건물을 벗어나 지역사회 주민들과 교제를 회복하며 지역의 다양한 기관 또는 단체들과 협업의 과정들이 어떻게 진행되었는지를 체계적으로 잘 설명해줌으로 선교적 교회로의 전환을 위한 길과 방식을 설득력 있게 보여준다.

넷째, 2부에서 진행되는 내용은 선교적 교회가 목회의 구체적이 영역에서 더욱 발전된 모습을 보여주고 있다. 지역교회에서 선교적 교회를 실천하는 방안으로 선교적 예배, 선교적 양육과 다양한 사역에 관해 구체적이며 실제적인 지침을 제시한다.

본서를 통해서 우리 시대에 바른 목회와 건강한 교회를 꿈꾸며 실현하려는 목회자, 신학도들에게 지역과 세상을 변화시키는 선교적 교회의 희망을 품고 도전하는 새로운 시도들이 일어나기를 기대하며 추천한다.

장로회신학대학교 선교학 명예교수 한국일

추천의 글

한국에서 미셔널 처치에 대한 관심이 높아지고 있지만, 정작 미셔널 처치가 무엇인지, 그리고 어떻게 실현할 수 있는지에 관해서는 모르는 사람이 더 많은 상황에서 좋은 책이 출간되었습니다. 이 책의 가치는 한마디로 현장 목회자들과 신학자들이 함께 논의한 공동 작업의 산물이라는 데 있습니다.

일반적으로 학자들의 연구는 현실의 한계를 직시하고 교회가 앞으로 나아가야 할 미래의 그림을 그려주는 역할을 한다는 점에서 긍정적입니다. 하지만 그 어떤 학문적 연구도 현장과 함께 하지 못하면 공허해질 수밖에 없습니다. 그런데 이제는 한국교회에도 미셔널 처치에 관해서 잘 알고 실천하는 목회자들이 제법 많아졌습니다. 그분들 가운데서 선도적인 역할을 하시는 몇 분이 이번 공동포럼에 나서서 귀한 발표를 해주셨고, 그 글들이 본서의 토대가 되었습니다.

사실 지금까지 미셔널 처치에 관한 논의는 주로 학자들이 이끌어왔다는 점에서 아쉬움이 있습니다. 한국의 미셔널 처치 운동은 2000년대 초반부터 조금씩 알려지기 시작했는데, 그때로부터 벌써 20여 년의 세월이 지났습니다. 그동안 많은 발전이 있었지만, 이 책은 그 발전의 여정에서 단순히 과거의 연장이 아니라 미셔널 처치 운동이 새로운 방향으로 나아가는 데 마중물 역할을 할 것으로 보입니다.

미셔널 처치는 단순히 목회자들에게 새로운 목회 방법에 관한 아이디어를 제공하는 대안적 선교 이론이 아닙니다. 그것은 목회와 선교 전체를 아우르는 성경적 실천 자체에 관한 논의를 뜻합니다. 그것은 우리가 처한 현실 속에서 교회다움과 그리스도인다움의 의미와 실천을 모색하는 운동입니다. 그런데 지금까지 미셔널 처치 운동은 교회가 세상을 보듬는 방법 곧 교회의 외적 활동에 더 많은 관심을 기울여왔습니다. 특히 공적 실천의 관점에서 사회정의 또는 사회적 경제, 마을 공동체 이슈를 다룬 점은 교회의 선교적 지평을 확장한 귀한 발전입니다. 하지만 이제는 미셔널 처치를 좀 더 통전적으로 이해함으로써 교회 밖의 실천을 가능하게 하는 교회 내적 요소들에 대한 논의로 확대될 필요가 있습니다.

미셔널 처치의 실천은, 모이는 교회와 흩어진 교회의 다양한 영역으로 확산될 필요가 있습니다. 그렇게 될 때 이 운동은 공히 하나의 목회 운동으로 자리를 잡을 수 있을 것입니다. 미셔널 처치 운동이 단지 새로운 교회를 시작하는, 실험적인 교회 개척 사역에만 유익한 것처럼 평가되는 것은 옳지 않습니다. 오히려 이 운동은 기존 교회들도 얼마든지 실천할 수 있는 내용을 말하고 있습니다.

아무쪼록 이 책을 계기로 앞으로 더 많은 학문적인 토론과 사례 발굴이 이루어질 수 있기를 바랍니다. 미셔널 처치 운동에 관심이 있는 학자들, 신학생들, 목회자들에게 진심으로 일독을 권합니다.

서울신학대학교 교회성장대학원 원장 최동규

기다렸던 책이 드디어 나왔다. 미셔널처치에 대한 탄탄한 이론 위에 실제 현장의 기운을 불어넣은 놀라운 작품이다. 이 책은 머리에서 나온 것이 아니다. 교회를 사랑하는 마음과 교회를 위한 땀과 눈물로 탄생한 것이다. 모든 저자의 글에 영혼에 대한 애정과 현장의 치열함이 담겨 있다. 미셔널처치에 대해 바로알고, 그 위대한 시작을 꿈꾼다면 주저 없이 이 책을 들고 탐독하라. 여러분의 눈이 열리며 교회가 시작되는 경험을 할 것이다.

합동신학대학원대학교 설교학 교수 권 호

발간사

'한국선교신학회'와 '세뛰새KOREA'가 지난 2년 동안 연속해서 '선교적 교회'를 주제로 공동포럼을 열었습니다. 지난해에는 '한국 선교적 교회의 현재와 미래'라는 주제로 네 명의 현장 목회자들이 각자가 처한 상황에서 어떻게 선교적 교회를 이루어 왔는지를 발표해 주셨고, 두 명의 선교신학자가 논찬으로 참여해 주셨습니다. 올해에는 '한국적 선교적 교회의 자리매김'이라는 주제로 한 명의 선교신학자가 주제발표를 한 후, 세 명의 선교현장 리더들이 '예배, 양육, 사역'으로 나눠 각 분야에서 어떻게 선교적 교회를 이루어 가고 있는지를 말씀해 주셨습니다. 매우 뜻깊은 자리였고, 반응도 좋았습니다. 이 두 번의 행사를 마치면서 우리는 현장의 목소리를 기록으로 남기고 이 공동포럼을 앞으로도 계속해서 이어나가면 좋겠다는 의견일치를 보게 되었습니다. 따라서 이 책에는 현장의 목소리가 가감 없이 들어가 있습니다.

우리가 이렇게 하는 것은 선교전략은 학자의 책상에서가 아니라 선교현장에서 나와야 한다는 신념 때문입니다. 선교현장, 선교전략, 선교신학은 올바른 선교를 수행하기 위한 세 기둥입니다. 이러한 신념으로 지난 28년동안 한국선교신학회는 선교신학과 전략이 학자들의 책상을 뛰어넘어 선교현장과 소통하는 일을 위해 노력해 왔습니다. 이것은 '세대를 뛰어넘는 새로운 플랫폼'을 통해 건강한 교회, 소통하는 교회, 혁신과 상생의 사역을 추구하면서 침체된 한국 교회에 새로운 활력을 불어 넣고자 하는 세뛰새KOREA의 노력과도 일맥상통하는 것이라고 생각합니다.

올해 한국선교신학회와 세뛰새KOREA는 상호 간의 긴밀한 협력을 위한 양해각서(MOU)를 체결하면서 공동포럼뿐 아니라 더 다양한 협력행사들을 통해 한국 교회와 선교에 공헌할 것을 약속했습니다. 다시 한 번 이러한 노력에 파트너가 되어 주신 세뛰새KOREA와 대표 송창근 목사님, 그리고 이 모든 일들이 아름답게 열매 맺을 수 있도록 수고해 주신 한국선교신학회 임원들께 다시 한 번 감사의 말씀을 드립니다.

한국선교신학회 회장 황병배

감사의 글

저는 지난 20년동안 건강한 한국 교회를 위한 다양한 사역을 해 왔습니다. 교회가 역동적으로 변화되어 예수님께서 주신 지상사명을 감당하는 일에 최선을 다하고자 함이었습니다. 특별한 전환점이 되었던 것은 2009년 하나님께서 제게 홍대거리에서 하나님을 모르는 젊은 세대를 위한 새로운 사역을 감당하게 하셨습니다. 쉽지 않은 여정이었지만 일반적인 한국 교회에서 경험할 수 없는 소중한 경험을 하게 되었습니다. 제가 이때 느낀 것은 '부흥의 시기를 지나 쇠퇴하는 후기 기독교 사회에서 목회자와 교회가 어떻게 지상사명을 감당 할 수 있는가?'였습니다. 1970년대 레슬리 뉴비긴이 인도 선교를 마치고, 다시 돌아온 영국은 더 이상 선교 파송지가 아니라 선교지로 바뀌어가고 있는 것을 목도하는 것과 비슷한 경험이었습니다.

이 고민이 저를 '선교적 교회' 운동에 동참하게 하였고, 지금까지 이르게 되었습니다. 그렇게 10년이 지나갔고, 한국 교회 안에 많은 목회자와 교회가 선교적 교회의 비전을 가지고 사역하고 있습니다. 그럼에도 불구하고, 서구의 선교적 교회 운동과 한국의 선교적 교회운동 사이에 교회 형성과 문화적인 차이가 존재하며, 한국적인 선교적 교회의 신학과 모델이 많지 않은 것이 사실입니다. 또한 개척교회와 기성교회의 선교적 교회 모델이 다를 수밖에 없습니다. 이런 여러가지 현실적인 문제와 한계들은 단순히 서구의 이론을 그대로 가져오는 것이나 신학자들의 이론적인 사유와 토론, 목회자들끼리의 실용적인 모델 공유로만 해결될 수 있는 것이 아닙니다. 영국과 미국이 그 시대 교회를 선교적으로 변화시키기 위해서 신학자, 목회자, 다양한 파이어니어들이 함께 GOC(영국), GOCN(미국)을 결성하여 대처한 것은 중요한 통찰입니다.

한국 교회를 새롭고, 건강하게 하는 비전은 특정한 교단이나 이념, 단체들로 되어지는 것이 아닙니다. 그런 고민 가운데 세뛰새(세대, 이념, 지역의 경계를 뛰어넘는 연합운동의 새로운 플랫폼)KOREA 사역이 시작 되었습니다. 지난 4년 동안 세뛰새KOREA는 한국 교회 안에서 다양한 그룹, 예컨대 보수와 진보, 작은 교회와 큰 교회, 전통교회와 새로운 교회, 다음세대를 아우르는 '사역적 에큐메니칼'

을 지향해 왔습니다. 이런 가치에 맞는 다양한 교단, 단체, 목회자들과 협력하면서 사역을 하였습니다.

그런 가운데 한국에서 가장 큰 신학교 교수들의 학술단체인 한국선교신학회와의 만남은 목회자와 신학자들이 함께 협력하여 한국 교회를 건강하게 할 수 있는 의미있는 만남이 되었습니다. 그 열매가 2019년의 '선교적 교회 컨퍼런스'와 2020년의 '한국선교신학회 & 세뛰새KOREA 공동 포럼'입니다. 한국적 선교적 교회의 목회 현장을 소개하고, 목회자와 신학자들이 현장과 신학을 연결하는 작업은 한국 교회에 새로운 이정표가 될 것입니다. 이것은 목회자와 신학자들에게 기쁘고 즐거운 일을 넘어서 신학과 현장을 함께 공유함으로 더 발전시킬 수 있다는 비전을 갖게 하였습니다. 그런 의미에서 한국선교신학회와 세뛰새KOREA는 올해(2020년) MOU를 맺고, 한국적 선교적 교회 운동과 건강한 한국 교회를 위한 사역에 지속적으로 협력하기로 하였습니다. 이 책은 바로 그러한 비전의 출발입니다.

이제 한국 교회는 코로나 사태와 사회적 거리두기로 인하여 과거의 사역방식을 벗어나서 다양하고, 도전적인 사역이 필요한 시점에 있습니다. 한국 교회를 위한 사역은 밑빠진 독에 물 붓는 것처럼 단시간에 되어지는 것도 아니고, 많은 기도와 재정이 소요되는 작업이기에 그 누구도 감당하기를 원하지 않습니다.

한국 교회를 위한 이 일에 셀 사역과 '큰 숲 운동'(큰나무 한그루가 아니라 작고 큰 많은 나무들이 숲을 이루어 한국 교회를 살리는 운동)으로 지난 20년간 한국 교회를 섬겨온 안산동산교회가 재정적이고, 행정적인 지원을 아끼지 않은 것에 대하여 진심으로 감사드립니다. 건강한 한국 교회를 위한 사역과 플랫폼을 시작할 수 있도록 격려해 주신 김인중 원로목사님과 한국 교회를 섬기는 비전이 계속 될 수 있도록 결단해 주신 김성겸 담임목사님께 깊은 감사를 드립니다.

세뛰새KOREA 대표 송창근

CONTENTS

2020 한국선교신학회 & 세뛰새KOREA 공동포럼

한국적 선교적 교회의 자리매김

Part_1 Challenge 현장 목회자의 도전

Part_2 Encouragement 논평과 격려

Part_3 United 새로운 도전을 위한 하나됨

Part_1
Challenge

1부

발제

현장 목회자의 도전

발제 1 박홍래 목사(밀알침례교회)

박홍래 목사는 성균관대학교 전자공학과를 졸업하고, 안양대학교 신학과(Th.B.), 연세대학교 기독교교육과(M.A.), 실천신학대학원대학교(Th.M.)에서 공부하고, 현재 밀알침례교회 교회 담임목사이며 안산대학교 외래교수와 한국국제기아대책기구 이사로 활동하고 있다.

복음의 새로운 표현 - 마을 목회
(선교적 교회의 지역 교회에의 적용 방안)

I. 들어가는 말

한국 사회가 한국 교회를 보는 눈은 매우 부정적이다. 지난해에 발표된 한국 기독교회에 대한 신뢰도도 20퍼센트를 넘지 않는다. 복음 즉 복된 소식, 행복하고 귀한 소식을 전하는 교회에 대하여, 내용과는 별개로, 전하는 매개체에 대하여 전혀 호의적이거나 긍정적이지 않다. 한국 교회와 그리스도인들이, 자신이 전하는 메시지에 합당한 삶의 모습과 가치관을 보여주지 못했기 때문이다.

이제 교회는 사람들이 수용할 수 있도록 복음을 어떻게 표현해야 할지 고민해야 한다. 사람들은 그동안 말로만 들어왔던 복음을 이제는 눈으로 보기를 원한다. 복음의 표현에는 진정성과 신뢰가 있어야 하고, 상대방의 마음이 움직일 수 있는 지속적인 실천이어야 한다. 선교적 교회에 대한 연구 및 실행 선교적 교회라는 개념의 출발은 영국의 인도 선교사였던 레슬리 뉴비긴(Leslie Newbigin)의 경험에서 나온 것이다. 그가 오랜 기간의 선교사역을 마치고 고국 영국에 돌아왔을 때, 과거 자신을 선교사로 파송하였던 영국이 이제는 선교 현장으로 바뀐 사실에 엄청난 충격을 받았고, 교회와 선교에 대한 새로운 관점을 가져야 된다고 주장하였다.

서구의 오래된 모든 교회들은 선교는 교회가 첫출발 할 때부터 교회에 속한 것이라는 새로운 인식을 갖게 되었다. 'Mission(선교)'는, 물론 새로운 단어는 아니지만 새로운 방법으로 사용되게 되었다. 서구 기독교 왕국의 모든 교회들은 선교사역들(missions)에 대하여 잘 알고 있다. 그동안 선교사역들은 외국에서 행하는 사업들이었다. 그러나 서구 문화의 급진적인 세속화와 함께, 교회들은 과거 기독교 왕국이었던 곳들이 선교지로 변한 상황에 놓이게 되었음을 인식하게 되었다. 이것은 새로운 상황이며 이러한 징후들로 가득했다. 교회가 현대적인 선교를 위하여 새로운 에너지를 방출하는 일인데, 이는 전지구적인 차원뿐만 아니라, 현대 서구 사회의 심각한 새로운 이교도 신앙에 적용하는 일에도 마찬가지이다.[1]

---

1 Nesslie Newbigin, *The Open Secret: An Introduction to the Theology of Mission* (Grand Rapids: Wm. B. Eerdmans Publishing, 1995), 1–2.

II. 선교적 교회의 지역교회 적용

선교적 교회를 목회 현장에서 적용하기 위하여 연구한 결과, 다양한 이론들과 모델들을 알게 되었지만, 구체적으로 적용하는 데는 문제가 있었다. 한국에서도 다양한 방법으로 복음을 표현하려는 시도가 꾸준히 있었다. 카페 교회, 작은 도서관 등 다양한 시도가 있었지만, 지속 가능성, 경제적인 자립, 영혼 구원의 열매를 맺기까지 상당히 긴 시간이 요구되고, 대부분 선교적 교회를 추구하며 시작한 교회들이 담임 목회자의 생계 문제에 직면하게 되었다는 사실도 발견하였다. 또한 성도들을 삶의 현장에서 선교적인 삶을 살게 하는 것은 지금까지의 전통적인 신앙생활과는 전혀 다른 차원이라는 사실도 알게 되었다. 신앙을 교회 중심으로만 생각하고, 세상 기준의 성공을 위한 방편으로 생각하는 번영의 복음에 익숙한 사람들에게, 복음의 가르침을 따라 일상 속에서 말씀대로의 삶을 살라는 요청과 삶의 현장 즉 가정, 직장, 학교 등등 교회 밖에서 평신도 선교사로서 복음을 표현하며 살라는 요구는 결코 쉽지 않은 요구이다.

또 한 가지는 선교적인 신앙생활을 교육하고 실천하는 일에 있어서, 처음부터 선교적 교회로 개척하여 성도들에게 선교적 신앙생활, 복음의 선교적 특성을 가르치고 선교적 공동체를 만드는 목회와 10년 이상 전통 목회를 해 오던 교회를 선교적인 교회로 바꾸는 일은 전혀 다르다는 사실이다. 안산과 가까운 지역에 처음부터 선교적 교회를 표방하고 시작한 교회들이 있다. 개척할 때부터 분명한 방향성을 제시하고 교회의 정체성을 확실하게 하였기 때문에 갈등이 있었음도 짧은 기간에 정착하고 계속 발전하고 있다. 우리 교회는 벌써 30년이 지났다. 이미 과거의 신앙생활의 패턴에 너무나 익숙해져 있고, 교회 생활과 일상을 구분하는 데 아무런 갈등을 느끼지 않는다. 선교적 교회를 우리 교회에 적용하기 위하여 고민하던 중, 2015년 말에 마을 만들기에 대한 소식을 접하고 많은 정보를 찾아보았다. 박원순 씨가 서울 시장에 당선된 이후, 마을 만들기 사업에 대하여 많은 심혈을 쏟고 또한 많은 재정을 투입한 결과 도시 공동체가 살아나고 많은 마을이 활성화되었다. 서울시에서는 마을 만들기를 지원하는 중간조직(서울특별시 마을공동체 종합지원센터 www.seoulmaeul.org)을 만들었는데 이를 본받아 다른 지방 자치 단체들도 마을 만들기를 위한 중간지원조직을 만들었다. 경기도는 따복(따뜻한 복지) 공동체 지원센터(www.dabok.or.kr)를 2015년 8월에 설립하였다. 안산은 이미 9년 전부터 좋은 마을 만들기 지원센터(happyansan.or.kr)를 설립하여 마을 만들기 사업을 적극적으로 지원하고 있다.

중간조직이 지원하는 마을 만들기 지역 공동체를 위한 분야는 모두 세 가지이다. 공간조성, 공간 활동, 그리고 공동체 활동(마중물 사업, 씨앗사업 등)이다. 각 지자체마다 여러 다른 이름으로 부르기도 하지만, 세 가지로 분류할 수 있다. 그것은 동네 사람 속으로 들어가기 마을 만들기 교육 받기이다 구체적으로 마을 목회를 시도하기 위해 처음 실행한 일은 목사로서 교회 안에, 그리고 성도들 사이에만 머무는 것이 아니라, 교회가 위치하고 있는 마을 안으로 들어가는 것이었다. 동네를 걸어 돌아다니는 것, 동네 사람들을 만나는 것이었는데, 아무나 만나는 것이 아니라 주민자치센터의 동장, 사무장, 복지 담당자, 지역의 민간 활동가들을 우선적으로 만났고, 또한 적어도 10년 이상 동네에서 계속된 가게의 사장들이다. 동네를 돌아다니고, 사람들은 만나면서, 굳이 내가 목사라는 사실을 알리지 않았지만, 점차 그들이 내가 목사라는 것을 알게 되었다. 또한 사회적 기업 후원센터에서 실행하는 협동조합, 사회적 기업, 퍼실리테이터 교육 등, 여러 가지 교육을 받으면서 더 많은 사람들을 만나게 되었다. 그 중에 교회를 다니는 사람들은 얼마 되지 않았다.

중요한 사실은 내가 목사의 정체성을 잃지 않고 그들 가운데 그리스도인으로 머문다는 사실이다. 굳이 말로 복음을 전하지 않고, 전도하려고 하지 않아도, 목사가 그들 가운데 존재한다는 사실은 하나의 도전이었으며, 나로서는 또 다른 복음의 표현이었던 셈이다. 이를 위해 마을주민대학 기본과정, 동네 한 바퀴, 마을 디자인 대학 등 마을 만들기 교육 과정들을 참석하였다.

1. 마을 목회 실행 팀 구성

마을 목회를 시작하는 일을 시도할 때, 대부분 교회의 성도를 중심으로 시작하기 쉽다. 목사가 지역의 주민들과 잘 모르고, 또한 지역의 지도자들과의 관계가 없다면, 아무리 좋은 일도 교회의 행사로 한

정되기 쉽다. 목회자가 마을 목회를 시행하려면, 먼저 지역 주민들과의 관계 수립이 우선적인 과제이다. 마을 목회를 실행하기 위한 팀의 구성도 이 일에 동의한 주민들과 교회의 성도들이 함께해야 한다. 토론을 거쳐서 결정해야 하고 임의 단체를 구성하여 세무서에 신고함으로 법적인 효력을 갖게 된다. 임의 단체란 법인은 아니지만, 법인격을 갖는 비영리 단체를 말한다. 임의 단체의 이름을 정하는 일에서도 확장성을 생각해서 정하는 것이 바람직하다. 지역의 이름을 넣어 만들면, 처음에는 지역주민에게 익숙할 수 있으나, 장기적인 계획에 따른 플랫폼의 역할에는 한계가 있다. 참여한 사람들과 같이 토론하고 의논해서 사업을 결정하고 추진할 때, 책임감과 주인의식이 생겨서 추후 진행되는 모임에 동참하게 된다.

2. 교회 공간의 개방과 활용

우리 교회는 지하 1층 지상 5층의 건물로 다양한 사역에 사용되고 있다. 1층에는 어린이집과 교회 사무실, 그리고 카페가 있다. 2층은 다용도 세미나실, 목양실, 교회와 지역아동센터 어린이를 위한 식당, 특수 교육을 위한 교실이 있다. 3층에는 지역아동센터가 있다. 1층의 카페는 주일에만 사용하고 평일에는 비어 있었지만 올해 동네 사랑방으로 리모델링하였다. 2층 세미나실도 지역아동센터 어린이들이 자주 사용하고 주일, 수요일, 금요일, 새벽기도에 사용되지만, 낮에는 대부분 비어 있어서 인문학 강의, 마을 회의 장소로 활용하고 있다. 교회 공간을 동네 사랑방 또는 마을 사업을 위해 활용하기 위해서는 먼저 성도들의 동의와 참여가 필요하다. 처음에는 다소간의 거부반응이 있었지만, 매주일 아침에 모이는 장로, 권사 기도회에서 지속적으로 선교적 교회의 개념을 설명하고, 설교를 통해 교회의 존재 이유와 지역사회를 섬기는 일에 대하여 말씀을 나눔으로 기반을 놓았다. 그 후 실제 사역이 진행되면서, 유휴 공간을 매주 평일에 불신자들이 방문, 활용하는 것을 보고 거부감이 사라졌다.

교회의 공간을 지역사회를 위하여 개방할 때, 두 가지 방법이 있다. 하나는 지역주민들의 모임에 공간을 대여하여, 최소한의 경비(전기료, 난방비 정도)만을 부담하게 하여 사용하게 하는 방법이고, 또 하나는 우리가 만든 <겨자씨 커뮤니티>에서 불신자들과 함께 사업을 진행하는 것이다. 자체 프로그램으로 후반기에 인문학 토크 쇼, 공방, 토요 영화, 클래식 공연을 계획하고 있다.

2015년부터 지역주민들과 함께 마을 만들기 공모사업을 통하여 진행한 사업은 다음과 같다. <명화를 통한 인문학 강좌>와 <우드버닝으로 명화 그리기> 프로그램을 기획하여 경기도 따복 공동체 지원센터에 공모하였고, 이것이 당선되어 6월부터 10월 말까지 매주 1회씩 교육과 실습이 진행되었다. <광덕 어린이 기자단 사진전> 안산 마을 만들기 지원센터의 후원으로 진행되고 있다.(3년 계획 중 2년차)

<월피동 사랑방 조성 공간조성> 두 중간조직의 후원으로 공간을 리모델링하였다. 2019년에는 꿈의학교(경기도교육청 지원), 마을 미

디어(마을만들기 지원) 광덕마을 주민협의회 소규모재생 (국토부 행안부 지원), 광덕지구 도시재생뉴딜 1년차(2022년까지) 등 진행하고 있다. 이러한 사역을 통해 얻게 된 좋은 결과와 극복해야 할 점은 다음과 같다.

첫째, 교회에 대한 지역 사람들의 인식의 변화이다. 교회의 문턱이 높은 것이 아니라고 생각하게 되고, 교회 건물에 들어오는 일이 쉬워졌다. 1층, 2층을 자연스럽게 드나들게 되었고, 교회 성도들과 교류하게 되었다.

둘째, 지역의 마을 지도자들과 친밀하고 신뢰하는 관계가 수립되었다. 불과 5년 전까지만 해도 전혀 교제가 없었는데, 이제는 주민들의 모임과 각종 마을회의에서 어울리게 되고, 같이 식사를 하고 교제를 나눔으로 이제 나도 지역 주민이 된 것으로 느끼게 되었다. 그들과 함께 어울려도 나를 전혀 다른 종류의 사람으로 보지 않고, 친밀함을 느끼게 된 것은 아주 바람직한 결과라고 본다. 특히 경기도 따복 공동체 지원센터와 안산 마을 만들기 지원 센터 등 거버넌스 단체의 직원들과 친밀하게 되고 인정을 받게 된 것은 앞으로의 사역을 위해서도 매우 유익할 것이라고 생각한다.

셋째, 세상을 보는 성도들의 눈이 달라진 것이다. 게토같이 우리끼리만 모이는 성도들의 모임에서 이제 교회에 구경 온 불신자를 품고자 하는 마음을 갖게 되었다. 동시에 극복해야 할 점은 성도들에게 좀 더 열성적인 관계 수립을 위해 도전하도록 가르쳐야 한다는 것이다. 모르는 사람에게 다가가는 일은 어려운 일이지만, 공통의 관심사를 통해 관계를 수립하고, 점차 복음을 제시할 수 있는 단계로 나가도록 성도들을 훈련시키고 독려해야 할 필요가 있다.

3. 선교적 마을 목회를 위한 목사의 준비

그동안 마을 목회를 진행하면서 느끼고 경험했던 것을 요약하고 앞으로 마을 만들기와 마을 목회를 연결하고자 원하는 목회자들에게 도움이 될 만한 내용을 정리하면 다음과 같다.

1) 출발

목사의 생각의 변화에서 출발해야 한다. 전통 목회를 배우고 전통 목회에 익숙해져 있는 목회자들은 "오라"는 패러다임에 익숙해 있다. 교회 건물을 준비하고, 프로그램을 준비해 놓고, 교회로 오라는 목회에서 이제는 "가서"라는 위대한 위임령을 실행하는 목회로 나가야 한다. 목회자가 가장 편한 장소인 목양실에서 이제는 목회의 현장을 지역과 마을로 변화시켜야 한다. 또한 외부로 나가 주민들을 만나되 전도의 대상, 또는 하나님의 진노의 대상으로 여기는 시각에서 섬겨야 할 대상으로 여기도록, 사람을 보는 눈이 완전히 바뀌어야 한다. 불신 주민들을 대상인 객체로 여기는 관점에서 사역의 주체로 세우는 발상의 전환이 필요하다. 또한 교회 건물을 성전이 아니고 예배처이며, 또한 지역 사람들을 섬기기 위한 도구라는 사실을 인식하고 성도들에게도 교회와 예배당에 대한 생각을 바꾸도록 가르치고 교육해야 한다. 목사의 생각의 변화가 자신에게만 그치지 말고, 성도의 변화로 확산되도록 하는 일이 첫 단계이다.

2) 목사 자신의 정체성과 유연성

목사로서의 정체성은 신학을 공부하는 과정에서 수립되기도 하지만 전통 목회의 현장에서 부목사로 섬기면서, 담임목사의 정체성이 투사되기도 한다. “나는 거룩한 일을 하는 목회자다”, 또는 “하나님의 종이다”라는 생각은 성도들과의 차별성은 물론, 불신자들에 대한 우월성 내지는 단절성에 대해 확고한 신념을 갖게 한다. 그러나 이런 생각을 고집할 경우 마을 목회를 하면서 스스로에게 의문을 던지는 내적 충돌을 경험하게 된다. 마을 목회를 하기 위해서는 자신의 정체성에 대한 재고가 필요하다. 나는 동네 아저씨인가 하나님의 종인가? 바람직한 정체성이란 목회자 자신은 분명한 정체성을 가져야 하지만, 다른 사람에게 보이는 모습이 그들과 차별되는 단절된 존재로 보여서는 곤란하다는 것이다.

3) 신뢰의 축적

지역 주민과의 관계를 수립하고, 신뢰를 얻기까지는 최소한 3년은 걸린다고 본다. 신뢰는 약속을 지키고 감추어진 의제가 없다는 것과 항상 변치 않는 일관성에서 나온다. 신뢰를 무너뜨리는 일은 아주 쉽다. 약속 두어 번 어기면 끝난다. 감추어진 의도가 드러나도 신뢰는 금이 간다.

목사가 지역 주민의 신뢰를 얻는 첫째는 처음부터 말로 전도하지 않는 일이다. 교회 나오라고 권면하지 않는 것이다. 그들이 물어볼 때까지 기다리는 것이 필요하다. "왜 목사님께서는 이런 일을 하십니까?"라는 질문을 받게 될 때 우리에게 대답할 권리가 주어진다. 그때 목사가 주민들을 섬기고 마을 만들기에 동참하는 것이 복음의 표현이고 하나님의 사랑의 표현임을 말하면 된다. 목사로서 불신 주민들 사이에 존재한다는 그 자체가 그들에게 주는 메시지가 있기 때문에 굳이 우리가 말을 하지 않아도 **존재 자체가 메시지**라는 사실을 분명히 인식할 필요가 있다.

4) 목사에게 필요한 능력

여러 번 많은 목회자들에게 이런 사역에 대해 소개하고 구체적인 방법까지 가르쳐주었다. 그런데 막상 이런 사역을 시작하려고 하면 매우 두려워하고 꺼리는 목회자를 많이 만났다. 목회 사역도 마찬가지겠지만, 마을 만들기와 마을 목회를 실행하기 위해서 다음을 고려해야 한다.

첫째, 분명한 비전

마을 사역은 하나님께서 세상을 섬기기 위한 도구로 나를 사용하신다는 확신에서 출발해야 한다. 그리고 이 비전은 성도들에게로 확산되어야 한다.

둘째, 추진력과 끈기

최소한 3년에서 5년은 지속하겠다는 결단을 하고 꾸준히 실행하여야 열매가 있다. 마을 목회를 한다고 해서 곧바로 열매가 맺히지 않는다. 교회가 즉시 부흥하지 않는다. 그러나 5년 후에는 달라질 것이다.

셋째, 행정력

교회에서 실행하는 프로그램과는 다른 차원의 행정력이 필요하다. 보조금을 집행하고 보고하는 일은 교회의 재정을 관리하는 것과는 전혀 다르다. 지자체나 정부로부터 지원을 받은 재정은 단돈 1원도 합목적적이어야 하고, 1원이 틀려도 안 된다. 만약 목회자에게 이런 행정력이 부족하다면 행정력 있는 성도의 도움을 받아 서무와 보고 문서작성을 맡기면 된다.

넷째, 폭넓은 인간관계

관계가 확장되어야 한다. 지역사회를 섬기는 일에서도 인간관계가 가장 중요하다. 상대방을 존중하고 인정하며 배려하고 환대할 때, 좋은 관계를 맺게 된다. 마을의 지도자가 되는 것이 목표가 아니고 섬기는 것이 목표이다. 충성심은 결국 돌려받는 것이기에 먼저 상대방에게 충성하고 도움을 쌓아 놓을 때, 내가 필요한 도움도 얻을 수 있게 된다.

마지막으로 교회에서 고려해야 할 것은 목사 개인의 사역이 되지 않도록 해야 한다는 사실이다. 대부분 목회자들은 깃발을 들고 달리기 시작하면 모든 성도들이 당연히 뒤를 따를 것이라고 생각한다. 전혀 그렇지 않다는 것을 경험으로 배웠다. 성도들이 움직일 때까지 계속 독려하고 또한 이 사역의 가치와 귀중함, 사역의 결과로서의 하나님 나라의 도래 등에 대하여 지속 반복하여 가르치고 말하고 권면해야 한다. 성도들은 이런 일을 하지 않아도 이미 피곤하다. 피곤한 성도들에게 마을 목회에 동참하도록 만드는 일은 결국 목회자의 리더십에 달려 있다. 목회자는 개인이 성공함으로 성공하는 것이 아니라 성도들이 전인적으로 성공하도록 도와주므로, 성공하는 존재이기 때문이다.

발제 2 안민호 목사(커피와교회)

안민호목사는 서울신학대학교(B.A), 서울신학대학교 대학원(M.DIV)를 거쳐 가톨릭대학교 영성상담학을 졸업하였다. 캐나다에서 사역 중 기독교대한성결교회 미주총회(L.A)에서 목사안수를 받았으며 2011년 커피와교회를 개척하여 담임목사로 목회하고 있다. JESUS CHURCH 네트워크 대표, JESUS COFFEE 대표, 리스닝하트 대표, JC 사회적협동조합 이사, 와플대학 협동조합 감사로 일터와 삶의 자리에 공동체를 세우고 교회를 세우는 사역을 하고 있다. 저서(공저)로는 『목회전서』가 있다.

(선교적 접촉점의 관점에서 읽어 보는)

커피와교회

I. 들어가는 말

한국 교회가 변화하고 있다. 그 변화를 소개하는 지역공동체와 함께 하는 교회의 새로운 도전들 <한국적 선교적 교회를 향하여>[1]에서는 새로운 교회를 표방하고, 선교적 교회를 주장하기도 하며, 공간에 매이지 않고 전통적인 방식도 벗어 버리고 문화적 유연성을 높이며 등장하는 다양한 교회의 형태들을 소개하고 있다. 특별히 2019년 한국 교회에서는 '선교적 교회'(misional church), '교회의 새로운 표현들'(Fresh Expressions of Church) 등 새로운 교회의 실험들이 여기저기서 나타나고 있다. 이러한 교회와 선교의 변화 속에서 커피와교

1 성석환, "총회한국 교회연구원,"(2018).

회(JESUS CHURCH)[2]는 '교회의 새로운 표현들'(Fresh Expresions of Church)에서 소개하고 있는 '일터 교회 개척'[3]을 중심으로 사역하는 공동체이다.

II. 선교적 교회 사례

1. 선교적 접촉점

선교적 접촉점은 무엇으로 정의하느냐에 따라서, 그것이 가지는 범위와 위력이 다를 것이다. 보편적인 일반 교회에서는 선교적 접촉점을 "복음을 전할 수 있는 기회" 정도로 생각하기에, 반드시 '전도'라는 메커니즘으로(mechanism)이 모든 것을 해석하려 한다. 무리한 시도는 아니겠다. 그러나 그런 전도를 준비하기 위해서는 많은 준비들이 필요하다. 예를 들면, 전도대원, 전도대원의 훈련(약 3-5주)[4], 전도물품, 전도준비기도회, 전도행정, 전도일정, 전도요일, 전도장소, 전도방법, 예산 등등이다. 물론 이것들을 탄탄히 준비해서 지속적인 생산과 재생산이(Production - Reproduction) 이루어진다면 참

---

2 안민호 · 임채영 · 서종표, 『목회전서』 (서울: 우리가본책, 2019), 90.

3 "일터에서 경청할 때 '선교의 문' 열린다 [주상락의 선교적 상상력] '교회의 새로운 표현들' 일터 교회 개척 모델," <뉴스엔조이>(2018.09.20.). www.newsnjoy.or.kr/news/articleView.html?idxno=21989

4 국제전도폭발, 한국본부 기준 3-5주를 이야기한다. 훈련의 종류에 따라, JUSTEE, XEE, Kid'sEE, 시니어로 구분된다. 자세한 훈련의 일정은 여기를 참고하라. ekorea.org/training

으로 이상적이겠다. 그리고 그런 이상성을 가지고 움직였던 한국 교회의 시기는 1970-2000년이다. 그러나 결과는 어떠할까? 그 결과를 한 줄로 말할 수 없지만, 복음이란 전도 이상의 것들이 존재함을 보여 주었다.[5]

그렇다면 전도 이상의 것들은 무엇일까? 그것이 바로 **선교적 접촉점**이라고 말할 수 있겠다.[6]

이 선교적 접촉점은, 소극적 의미에서 신자와 불신자의 만남이 아니라, 적극적 의미에서 교회와 세상의 만남이라고 할 수 있다. 선교적 접촉점은 이 땅의 모든 영역을 이분법적 구분으로 해석하지 않는다. 예를 들면, 흑과 백, 빛과 어둠, 좌와 우 등등이다. 선교적 접촉점은 모든 사람과 만나고 모든 이야기를 하고, 모든 삶을 나누는 형태의 만남을 추구한다. 특히 삶의 모든 영역에서, 자간과 행간 사이에 부딪히는 들숨과 날숨의 대화를 선호한다. 그런 모든 영역의 대화, 모든 영역의 만남이 참된 의미의 선교적 접촉점이다. 그 접촉점을 인지한다면, <전도>라는 형태의 기존교회의 사역에서 필요한 많은 준비들이 필요하지 않는다. <커피와교회>(JESUS CHURCH)는 이런 접촉점을 위해서 만들어졌다. 흔히 <커피와교회>를 생각할 때, 생계

5 협성대학교 이후천 교수는 "한국 교회 관점에서 접근하는 선교적교회"라는 논문에서, 한국적 상황과 한국 교회적 상황을 구분하여 정리한다. 그리고 한국 교회적인 상황에서 갖는 선교적 교회의 용어, 배경, 특징을 정리한다. 그리고 그 기반에는 한국 교회 초기의 역할을 중요하게 여긴다. 그는 한국적 상황에서 복음주의와 에큐메니컬의 균형 잡힌 대화가 필요함을 주장하고 있다. 한국선교신학회, 『선교적 교회론과 한국 교회』 (서울: 대한기독교서회, 2015), 309-331.

6 앞의 글, 320.

형 교회, 혹은 사업형 교회 혹은 이상한 교회라고 생각한다. 물론 지금의 2019년의 시대적 맥락에서야 용납될 수 있는 교회겠지만, 필자가 개척했던 8년 전(2011년)에는 용납될 수 없는 교회였다. 그리고 무엇보다 <커피와교회>는 표면적인 이미지와 다르게, 돈을 벌기 위해서 만들어진 교회는 결코 아니다. 일반적인 사람들과 만날 수 있는 접촉점으로 왕성한 만남을 위해서 만들어진 건축물이자, 프로그램이다.[7] 그렇기에 <커피와교회>에서는 일반적인 교회에서 할 수 없는 전도를 한다. 그것은 일종의 코페르니쿠스적인 전환인데, 복음대상자가 돈과 시간을 지불하고 공간을 허락받은 상태에서 마음의 안정을 유지한 채로 '접촉'을 할 수 있다는 것이다. 전도대상자는 확실한 포지셔닝으로 <커피와교회>에 방문한다. 매일 매일 새로운 사람들이 온다. 그런 접촉점의 관점으로 <커피와교회>를 만들었다.

2. 생존의 일터가 아닌 선교적 일터

많은 사람들이 <커피와교회>를 생각할 때 대부분 '돈'에 관한 이미지만 생각한다. 그리고 카페의 수익은 어떻게 사용되는지, 교회의 수익은 어떻게 사용되는지, 그것을 합쳐서 <커피와교회> 수익은 어떻

7 안민호 · 임채영 · 서종표, 『목회전서』, 63-65. 일반적인 카페에서 돈을 벌기 위해서는 방향을 설정할 때 <정착률>보다는 <회전률>에 집중한다. 그러나 <커피와교회>는 <회전률>보단, <정착률>에 목표를 두고 장사를 한다. 그 이유는 오직 선교적인 접촉점을 위해서 그렇다. <정착률>에 집중하기 위해서, 인테리어구조, 소파의(sofa) 구조, 의자의 구조 등등을 독특하게 만들었다. 구체적으로 보고 싶다면, 이 책에 나온 안민호 목사의 글 "개척" 부분을 참고하라.

게 사용되는지, 혹은 이 교회의 담임목사가 독식을 하는 것은 아닌지, 그런 이상한 걱정을 하기도 한다. 그러나 결론적으로 말하면, <커피와교회> 사장이자 담임목사인 필자는 작년부터 사례비를 100만 원 받는다. 초기에는 월급이 없었고 2년 전부터 50만 원을 받았고, 지금은 100만 원을 받는다. 함께 일하는 사역자는 200만 원, 4대 보험적용, 퇴직금, 교역자 연금, 식사비까지 제공하지만 말이다.

커피와교회의 수익 구조에 대해서는 아주 많은 이야기를 해야 하기에 여기서 다 적어 내려갈 수 없다.[8] 그러나 필자의 월급을 투명하게 공개하는 이유는 두 가지 이유 때문이다. 첫 번째, <커피와교회> 자체가 재정 상태가 상당히 투명하다는 점을 말해주고 싶어서이다. 만약 <커피와교회>의 재정 투명도가 문제가 있었다면, 망해도 100번은 망했을 것이다. 왜냐면 한국 교회의 분열의 대표적인 이유가 돈이기 때문이다. 돈과는 거리가 먼 것 같은 일반적인 교회도 이러한데, 돈과 상당히 밀접한 관련이 있는 <커피와교회>가 재정의 투명성에 자신이 없었다면 벌써 무너졌을 것이다.

세금의 문제도 마찬가지다. 지금도 한국 교회를 뜨겁게 하는, '종교인 과세'의 부분이 <커피와교회>에서는 오히려 자랑거리가 되었

8 <커피와교회>의 재정적인 영역과 사역적인 영역이 어떻게 이루어지는지가 궁금하다면, 『목회전서』의 "개척" 부분을 참조하라. 사역자의 사례비, 교회의 운영비, 뿐만 아니라, <커피와교회>의 돈에 관한 철학까지 자세하게 나와 있다. 무엇보다 많은 사람들이 궁금해 하는, <커피와교회>의 자본금은 얼마가 있었는지, 얼마의 예산으로 건축이 되었는지, 그 돈은 어떻게 마련해졌는지가 상세하게 나왔다. 앞의 글, 8-90.

다. 두 번째, <커피와교회>를 바라볼 때 생각나는 '돈'의 이미지보다 '노동'의 의미지를 부각시키고 싶어서이다. 사실 커피와교회는 돈보단 노동이 빛나는 교회이다. 그것을 말해주기 위해서 저자의 월급을 공개했다.

<커피와교회>의 사역자들은 일반 성도들보다 몇 배나 힘든 육체적인 노동을 감당하게 된다. 평일과 주말, 모두 노동을 한다. 그리고 그 노동의 현장을 성도들 모두가 바라보고 있기에, 사역자에 대한 신뢰도가 더 크다. 어떤 이들이 이 지점에서 빛 좋은 개살구 같은 말을 하겠다. "이거 이중직 아닌가?" "이거 불법 아닌가?" 만약 열 걸음 양보해서 이중직을 돈을 버는 수단으로만 이야기한다면, 직업의 개수로만 이야기한다면, <커피와교회>는 이중직일 수 있다.

그러나 그런 편협한 시각을 벗어버리고 노동과 일터신학(marketplace theology)의 시각으로 바라보길 적극 권장한다. <커피와교회>의 사역자들은 성도들과 아주 가까운 일터 신학적 의미를 적극적으로 구현하는 사명자들이다. 또한 전도의 관점에서 불신자들과 접촉하기 위해서 적극적으로 노동을 구현하는 선교사들이다. 일터신학(marketplace theology)의 대가 폴 스티븐슨 박사(Dr. Paul Stevens)는 성서 안에서 일터신학의 중요한 예를 보여 주는 분이 예수님이라고 언급한다. 폴 스티븐스는 "신약성서에서 예수님은 공공장소에 132번 출현하셨고 그중에 122번 일터(the marketplace)에 출현하셨으며, 일터가 아닌 곳은 단 10번 출현하셨다. 그리고 예수님 비유중에서 45번이 일에 관련된 것이고 일에 관련되지 않은 것은 7번

뿐이었다"[9]고 언급한다.

예수님이 왜 이렇게 일터를 강조하셨을까? 우리가 복음을 전해야 할 대상들이 일터에 있기 때문이다. 교회 안에서 기다리고만 있으면 만날 수 없는 대상들을 일터라는 공간에서 자연스럽게 만날 수 있다. 우리는 이들과 함께 일하고, 그 공간에서 자연스럽게 대화할 수 있다.[10]

변화하는 문화 속에서 기독교인은 교회 안에 머물러 좋은 프로그램을 제공하는 노력들을 했다. 그래서 지역사회 사람들이 찾아오기를 기다리는 매혹적 접근(atractional aproach)을 했다. 그러나 이제는 지역사회·마을·일터로 찾아가 사람들에게 눈높이를 맞추고 경청하는 선교적-성육신적 접근(misional-incarnational aproach)으로 나아가야 한다. 분명한 사실은 삼위일체 하나님께서 교회 건물 안에서만이 아니라 일터에서도 일하신다는 것이다. 우리는 이것을 기억해야 한다.

이번에는 백 걸음 양보해서 <커피와교회>가 이중직이라고 해도 이제는 '선교적 일터'의 신학적 관점에서는 다르게 해석되어야 한다. 휘튼대학교 교회·선교·전도의 빌레 그레이엄 석좌교수(the Billy Graham Distinguished Chair of Church, Mission, and Evangelism

---

9 R. Paul Stevens, *Work Matters: Lessons from Scripture* (Grand Rapids: Eerdmans, 2012), 135.

10 "일터에서 경청할 때 '선교의 문' 열린다 [주상락의 선교적 상상력] '교회의 새로운 표현들' 일터 교회 개척 모델," <뉴스엔조이> (2018.09.20.). www.newsnjoy.or.kr/news/articleView.html?idxno=21989

at Wheaton College) 에드 스테처 박사(Dr. Ed Stetzer)는 "미국의 목사 중 1/3은 이중직 목사이며 이중직은 좋은 전도의 기회가 될 수 있다"[11]고 말한다. 그는 목회자가 일반인에게 친숙하지 않기 때문에 일터에서 전도의 접촉점(nodes)을 만드는 것이 중요하다고 생각한다. 스테처가 언급했듯이, 전도의 접촉점을 만들기 위해 이중직을 선택하든지, 생계를 위해 이중직을 선택하든지, 이제는 일터에 대해 고민을 하지 않을 수 없다. 그것인 참된 의미로서 '선교적 접촉점'을 구현하는 고민과 노력, 의미일 것이다. 한국 교회는 이전에 경험하지 못한 '교회 신뢰 상실의 시대'를 살면서 앞으로 일터에서 '어떻게 복음과 문화의 관계를 정립할 것인가', '어떻게 일터신학과 선교, 전도학의 관계를 정립할 것인가'를 깊이 있게 고민해야 한다. 일터만큼 큰 선교의 장, 신뢰를 회복할 수 있는 삶의 현장도 없기 때문이다.

III. 나가는 말

어떤 문법으로 자신의 인생을 연마했는지에 따라 이 세상을 읽어내는 방식은 가지각색이다. 교회를 읽어내는 방식도, 선교를 읽어내는 방식도, 무엇보다 근래에 시도되는 '선교적 교회'(missional church), '교회의 새로운 표현들'(Fresh Expressions of Church) 역시 마찬가지일 것이다. 우리가 확신을 가지고 연마했던 교회를 읽어

11 "Bivocational Ministry as an Evangelism Opportunity," *Christian Today* (October 15, 2017). www.christianitytoday.com/edstetzer/2017/september/bivocational-ministry-as-evangelism-opportunity.html

로고의 형태는 JESUS CHURCH의 'J'와 'C'의 알파벳 모양과 커피잔의 형태를 결합하여 디자인하였습니다.

는 문법과 방정식들을 고민해 볼 때이다. 사실 이 짧은 글에 서론, 본론, 결론을 말하기가 무척이나 아쉽다. 그래서 다소 논리적이지 않을 수도 있겠지만, 저자는 최선을 다해, 선교적 접촉점의 관점에서 <커피와교회>를 읽을 수 있도록 시도했다. 그리고 이 글의 결론을 <커피와교회>가 하고 있는 사역들을 짧게 소개하며 마무리하려고 한다.

1. 로고

<커피와교회> 로고의 형태는 JESUS CHURCH의 'J'와 'C'의 알파벳 모양과 커피잔의 형태를 결합하여 디자인하였다. 카페이지만 교회이고, 교회이지만 카페인 정체성과 예수님 중심의 교회라는 의미를 잘 표현한 로고이다. 무엇보다 이 커피잔을 통해 신자와 비신자가 함께 음료를 나누어 먹으며 서로 사랑하고 대화하는 정신을 표현하고 싶었다. 그리고 이 땅에 있는 하나님 나라의 모습을 겹쳐서 표현하고 싶었다.

2. J.C 사회적 협동조합

제이씨 사회적협동조합은 정신장애인 등 취약계층이 정서적, 경제적으로 자립한 사회의 구성원이 되도록 돕고, 타인을 도울 수 있는 사람으로 사회적 지위를 회복시키는 것을 꿈꾸며 2017년 2월 고용노동부의 인가를 받아 세워진 비영리법인이다. 이를 위해 2017년 7월부터 "바리스타교육서비스사업", "카페일자리제공사업", "카페창업지원사업"을 진행하고 있다. 또한 더 많은 사람들이 사업에 참여하게 하기 위해 2017년 10월 지역형 예비사회적기업 지정신청을 했으며 현장실사(11. 6), 의정부심사(11. 28), 경기도심사(12. 15) 등의 지원과정을 마치고 2018년 1월부로 경기도형 예비사회적기업으로 지정되었다. 2017년 12월 29일 "법인세법 시행령[2017.05.29.] 제36조 지정기부금의 범위" 등에 의거 고용노동부 장관의 추천과 기획재정부 장관의 승인으로 지정기부금단체로 지정되었다.

한 사람의 취약계층이 정서적, 경제적으로 자립하여 사회구성원으로 살아가는 진정한 재활을 꿈꾸며 스스로와 사회의 편견에 맞서서 희망을 잃은 사람들에게 다시 희망을 일깨우기 위해서 함께 땀 흘리고 있다. 커피가 자신을 태워서 또 갈아서 향과 맛을 내는 것같이 우리들의 열정과 헌신이 사람 냄새나고 살맛 나는 세상을 만들어가길 소망한다.

3. 기관부서 설명 (예배, 기타 부서 등등)

<커피와교회>의 가장 중요한 사역은 예배와 교회를 세우는 것이

다. 이를 위해 <JESUS CHURCH>, <JESUS MISSION>, <JESUS COFFEE>, <JESUS COMMUNITY>의 네 조직을 중심으로 사역하고 있다.

1) <JESUS CHURCH는> 교회로서 <커피와교회>(주일예배, 수요예배, 월.토새벽예배, QT[월-금], 주중 성경통독 및 성경공부, 독서모임, 세미나), 한서중앙병원교회(화요환우예배, 수요직원예배, 성경공부), 와플대학교회(목요직원예배)를 통해 하나님을 예배하고 성도를 양육하여 신앙인으로 세우는 것을 목표로 하고 있다.
2) <JESUS MISSION>은 <JESUS COFFEE>를 세우고 <JESUS COFFEE>가 있는 곳에 <JESUS CHURCH>를 세우는 것을 목표로 하며 지역사회를 위한 봉사와 구제(굿마켓, 일일찻집, 부활절·성탄절 전도 및 선물), 장학활동에 앞장서고 있다. 또한 개척교회를 인큐베이팅하고 돕는 사역으로 그 지경을 넓혀가고 있다.
3) <JESUS COFFEE>는 카페로서 경쟁력을 갖추고 살리는 공간이 되게 하는 것을 목표로 전도의 도구로써 여러 모임이 카페에서 이루어지도록 하고 있다.
4) <JESUS COMMUNITY>는 <의정부 JC COFFEE>를 중심으로 보다 적극적인 사랑을 실천하기 위해서 고용노동부의 승인을 받아 비영리법인인 사회적협동조합을 세우고, 2018년에는 경기도

예비사회적기업(혼합형)으로 인가를 받아 정신장애인 등 취약계층을 위한 "바리스타 교육서비스사업", "카페 일자리제공사업", "카페 창업지원사업"을 진행하고 있다.

4가지의 핵심사역을 바탕으로 <커피와교회>는 매일 QT모임을 진행하고 QT내용을 모든 교우들과 함께 나눈다. 하루에 한 가정 혹은 한 성도를 위해 모든 교우가 집중적으로 기도한다. 삶의 자리와 일터에 찾아가 어려움과 고민을 함께 나누고 기도한다. 가정과 직장이 교회가 되게 하려고 노력한다. 예수 그리스도를 믿는 사람들이 단지 예배에 빠지지 않고 종교생활을 잘하는 것에 만족하는 것이 아니라 예수님을 통해 삶이 변하고 그 능력을 경험하여 예수님을 전하게 되는 그리스도인을 세우는 것이 <커피와교회>의 주요 사역이다.

발제 3 조주희 목사(성암교회)

조주희 목사는 장로회신학대학교(B.A., M.Div.)와 풀러신학교(D.Min.)를 졸업하였다. 현재는 사단법인 더불어배움 운영위원장, 성암교회 담임목사로 재직 중이다.

교회의 마을,
마을의 교회

I. 지역사회와 만나는 목회의 출발

1. 출발의 관점

교회는 지역 속에서 존재한다. 교회는 지역 안의 사람들이 교회의 구성원이 되고 그분들의 헌신과 사랑에 의해 존재한다. 뿐만 아니라 교회의 구성원인 교인들은 지역 사회와의 관계 속에서 살아간다. 교회공동체는 지역과 함께 공존한다.

그럼에도 불구하고 그동안의 대부분의 교회들은 지역과 분리된 개념을 가지고 존재해 왔던 것을 부인하기는 어렵다. 한국 교회가 소위 방주교회론적 이해를 가지고 지역을 선교적 대상으로만 바라보는 관점에 매우 익숙해 있었다.

한국 교회가 그동안 지역사회에 대해서 무관심했던 것은 아니었고 복지적 차원에서 상당한 역할을 감당해 온 것을 평가절하 할 수 없음에도 불구하고 선교적 차원이나 교인 수 증가라는 전제를 가지고 실행해 온 측면이 너무 많아서 여전히 지역사회와의 일종의 분리 현상을 경험할 수밖에 없게 만들었다. 이것은 결과적으로 지역사회에 교회의 적절한 대응력의 부재와 일반 사회의 교회에 대한 불신의 한 원인이 되었다. 이러한 폐쇄적 종교성의 추구는 다원화된 현대 사회 속에서 지역 사회와 지역 사회에 존재하는 지역을 위한 여러 공동체들과 네트워킹을 하는 데 있어 어려움을 가져왔다. 뿐만 아니라 이것은 선교적 관점에 있어서도 부정적인 결과를 가져올 수밖에 없는 형편이 되었다.

2. 목회론적 이해

1) 교회가 위치한 지역

지역에 대한 이해는 목회자에게 있어서 필수적 사항이다. 목회의 현장을 교회에만 국한시키지 않고 지역을 목회의 한 현장으로 이해해야 한다면 목회자에게 교회가 속한 지역에 대한 보다 전문적인 이해는 필수적 요소이다.

2) 목회자의 신앙과 교회 경험

한 목회자의 목회에 있어서 자신의 신앙적 그리고 교회적 경험은 매우 중요하다. 왜냐하면 이런 경험들은 그 목회자의 목회에 있어서 가장 밑바탕을 형성하는 하나의 목회적 기틀을 형성하기 때문이다.

따라서 첫 번째로 자신의 신학적 관점, 목회적인 관점을 점검하고 이것에 대한 수정이 필요하고 두 번째는 교회공동체의 신앙적인 틀걸이를 점거하는 것 또한 반드시 필요하다. 지역 사회를 만나기 위한 신학적이고도 신앙적인 이해는 필수불가결한 요소이다.

3) 지역의 교회, 교회의 지역

스택하우스(Max L. Stackhause)는 교회는 존재하는 것만으로도 이미 공적인 지위를 가지고 있다고 주장한다. 그는 종교는 신자의 내면세계에 자리 잡은 것이지만 동시에 외적으로 드러나는 요소를 지닌다고 설명하면서 이런 외적인 요소들 가운데 건물이나 신자들의 공동체의 삶의 양식들은 일반대중들 앞에 나타나며 일반대중들은 이런 부분들을 통해서 신앙적으로 초청을 받는 교류 현상으로 나타

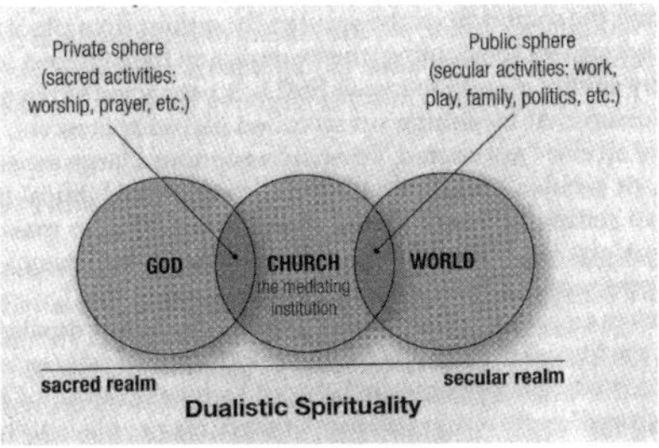

이원론적 영성

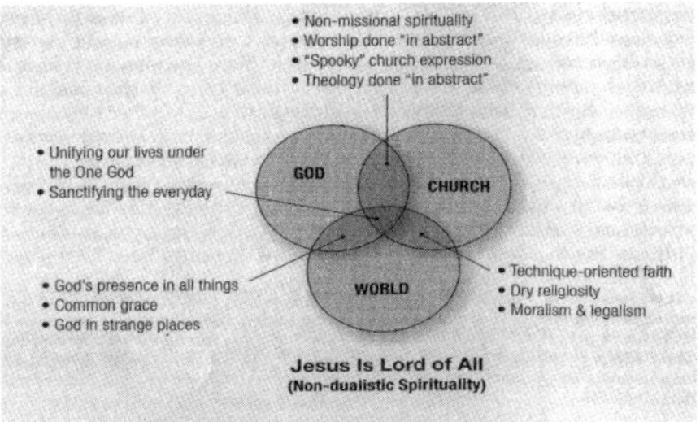

모든 것의 주인인 예수님

난다는 사실을 교회가 인식할 필요가 있다고 말한다.

이에 대한 앨런 허쉬(Alan Hirsch)가 설명하는 한 그림은 교회에게 중요한 인식의 전환을 불러일으킨다.

앞의 그림 중 첫 번째 그림은 전통적인 교회론을 말한다. 교회는 하나님과 세상과의 중간에 개입해서 세상 가운데 하나님을 알려주는 역할을 한다. 이 그림이 보여주는 또 하나의 특징은 영역에 대한 구분이다. 교회는 하나님과 관계하는 부분을 거룩한 영역으로 이해하고 교회가 세상과 관계하는 부분을 세속적 영역으로 이해한다. 이런 전통적인 분류 방식은 물리적 분류방식으로 교회의 세속화와 교회의 거룩성의 이해에 있어서 오류를 낳을 수밖에 없다. 세상에서 활동하시는 하나님의 역사에 대한 이해의 결핍은 지역에 대한 이해를 선교적 대상 이상의 관계 속에서 바라보지 못하는 장애를 갖게 만들었다.

위 그림의 두 번째 그림은 교회를 통해서 교회와 하나님과 세상이 만나게 되는 방식이라는 사실을 알 수 있다. 교회는 이 세상을 하나님 없는 세상이 아닌 하나님과 연결된 세상으로, 하나님께서 관여하시는 세상으로 변화시킨다. 이것은 교회가 하나님과 세상을 분리시키지 않고 세상을 하나님의 역사의 대상으로 바라보고, 오히려 교회가 하나님과 세상을 결합시키는 중요한 역할을 하는 것으로 이해한다.

예수 그리스도는 교회를 하나님과 화목하게 하시고 교회에게는 이 세상을 하나님과 화목하게 하는 직책을 부여 하신다(고전 5:17-19).

이런 의미에서 세상은 그냥 존재하는 하나의 'communiti'(행정상의 의미)가 아니라 그리스도의 교회와 함께 해야 하는 'communitas'(일정의 목적을 정하고 그것을 위해서 서로 헌신하는 공동체)라고 이해하고 받아들이는 데서 교회의 사회봉사의 근거를 찾아 볼 수 있다.

세상과 교회는 동일하게 한 분 하나님 아래 삶을 함께 결합시키고 있는(Unifying our lives under one God) 공동체이다. 이런 이해는 교회로 하여금 기존의 지역을 교회의 관점에서만 보려던 시각을 극복하고 '교회의 지역, 지역의 교회'라는 쌍방향성의 이해구조를 갖게 한다.

3. 비전센터 건립

1) 교회의 상황과 욕구

우리 교회는 기존의 주차장 위에 건물을 건축하게 되었는데 이것이 교회의 변화의 아주 중요한 계기가 되었다. 건물을 짓기 전의 교회의 건물에 대한 기대는 두 가지였다. 하나는 교회의 다음 세대를 위한 교육 공간으로 사용하는 것이었고 나머지 하나는 이웃과 함께 사용하는 공간이 되길 원하는 기대이다.

2) 전문성 필요

책임성과 일반 사회복지 현장의 발전에 발맞출 수 있는 인식의 전환의 필요, 그리고 사회봉사를 교회 성장의 수단으로 이해함으로써 발생되는 교회의 지역을 섬기는 정신에 대한 지역 사회의 오해를 극복하고 나아가 효율성을 확보하고자 노력의 차원에서 일정의 개발과정을 두어 사역의 개발 단계부터 전문적으로 풀어가기로 했다.

II. 컨설팅 실시

신학적 이해와 전문성과 효율성의 확보를 위하여 우리 교회는 한 연구소와 양해각서(MOU)를 체결하고 컨설팅을 의뢰하였다. 컨설팅 기간을 14개월로 잡고 사역을 개발하기로 했다.

1. 진행의 틀

1) 교육

① 준비 단계: 단계적 설명회

- 당회, 항존직, 교회 전체 대상 설명회

② 교회 교육

③ 담임목사의 설교

2) 소통구조 세우기: 위원회 구성(TFT)

① 전문가 위원회

② 교회 위원회

③ 지역 위원 조직

3) 예비 조사

① 조사 대상: 지역사회와 교회

② 조사 내용과 방법: 일반조사, 인터뷰, 기존 자료 분석, 설문

4) 조사 사정

III. 개발된 사회복지 사역들

1. 바오밥나무 카페

1) 자원봉사자 체제 구축

2) 지역의 경제적 수준을 고려한 가격 결정

3) 3불 정책

① 교회의 이유로 다르게 사용하거나 문을 닫지 않는다.

② 교회의 홍보나 전도의 도구로 사용하지 않는다.

③ 교우들의 기득권을 인정하지 않는다.

4) 지역사회 운동 전개: 지역 주민 인문학 아카데미, 작은 음악회 등

2. 다섯콩작은도서관: 어린이 전용 도서관

1) 약 1만 1천 권 도서소장(어린이 80%, 성인 20% 비율)
대여회원 약 1천 명

2) 담당자: 전문 사서와 자원봉사자로 운영

3) 다양한 공간 이해: 멀티미디어실, 작은 방, 카펫 바닥, 쿠션 등

4) 도서관을 매개로 문화 운동 전개

5) 지역 사회 내의 작은 도서관들과 연계하여 프로그램 진행

6) 지역자치단체나 정부 부처에서 제공하는 프로그램 실시

7) 장서의 질 확보

8) 지역에서 요구하는 책 구입에 대한 신속한 반응

3. 안부사역

1) 사역 내용: 독거노인들에게 주 1회 안부 묻기와 밑반찬 제공

2) 매주 화요일 반찬 조리와 배달 실시

3) 사역의 원칙

① 대상을 구청이나 동사무소에서 추천 받음

② 대상의 요청에 의해 메뉴 결정

4) 지역 사회의 유관 기관과 협력하여 지원

4. 방과후교실

1) 구청과의 연계사업

2) 규모: 교사 5인, 어린이 40명 내외

3) 지역사회 봉사를 위한 가장 적극적인 차원에서의 첫 사역

4) 운영 중점

① 돌봄과 교사 헌신

② 건강한 간식

③ 교회 공동체의 적극적 관심

④ 자원봉사자들을 통해서 다양한 교육과 돌봄 콘텐츠 제공

⑤ 지역사회와 연계되는 프로그램에도 적극적으로 참여

Ⅳ. 더 큰 걸음으로

1. 은평좋은학교네트워크

은평 지역의 여러 교회들이 모여 은평 지역의 공교육기관을 지원하는 사역을 하는 비영리단체를 운영하고 있으며 이 단체를 만들어 가는 일에 헌신하였다. 이 단체는 지역의 초·중·고교에 학생정서지원, 교사캠프, 학부모아카데미를 교육청, 구청, 그리고 좋은학교네트워크가 공동으로 지원하고 운영한다. 이것이 가능했던 이유는 그동안의 교회사역은 물론 지역의 다른 교회들과의 연대, 같은 관점을 가진 교회들과의 협력을 통해 가능했으며, 특별히 구청 등 지역의 행정기관들과의 연결된 사역들의 확장성으로 인한 결과로 보인다.

은평구청장은 그의 책에서 우리 교회를 일컬어 "마을 속 학교처럼 교회도 마을 속 교회로 거듭나기 위해 많은 노력을 하고 있습니다."라고 평가해 준 점은 교회의 마을 속에서 지평에 대한 소망을 갖게 한다.

2. 사단법인 더불어 배움

은평좋은학교만들기네트워크라는 비영리단체의 활동이 교육을

위한 공적 지원체계로 인정을 받게 되어 법인체로 발전하게 된다. 은평구에서 좋은학교만들기네트워크는 공교육기관으로부터 전문성을 인정받아 서부교육지원청, 은평구청, 서대문구청, 마포구청과 MOU를 맺게 되었고 이 관계를 통해 공교육기관의 교사캠프, 학생정서지원프로그램, 학부모교육, 이렇게 세가지 주요 사업을 진행하고 나아가 학교들의 요청에 따라 맞춤형 프로그램을 진행하고 있다. 이런 사업들이 문화체육관광부, 서울시교육청, 경기도교육청, 대구시교육청, 부산시교육청, 종로구청 등과 협업을 하는 단계에 이르고 있다.

법인의 이런 활동들은 지역 사회와 공교육기관과의 공적 네트워크를 형성하게 되었고 이에 대한 좋은 평가는 제3의 공적지원체계인 법인이나 비영리단체와의 관계에서 이제는 교회와 지역, 그리고 공공육기관의 직접적 관계가 가능한 상황으로 발전되었고 이것은 곧 지역과 교회의 관계 증진에 큰 자원이 되고 있다.

3. 마을형 청소년케어 프로그램

구청에서 지원하고, 교회 근처의 초등학교가 아이들을 선발하여, 전문가들이 아이들을 대상으로 하는 토요 프로그램이다. 지역사회가 아이들을 교회에 보내주고 교회는 장소와 자원봉사자와 전문 교육가를 제공함으로써 지자체와 학교, 그리고 교회가 연대하는 공신력 있는 프로그램을 제공하여 사회적 기여를 하고 있다.

4. 지역과 함께하는 여름학교

우리 교회는 2년간 교회학교 어린이들과 지역 어린이들이 함께하는 여름학교를 열었다. 좋은학교네트워크와 협력하여 해마다 주제를 정하고 그 주제에 맞게 강사진을 청빙하여 교회의 어린이들과 지역의 어린이들이 만나는 여름학교를 개설하여 운영하고 있다, 이런 프로그램을 통하여 양질의 교육 콘텐츠를 지역의 아이들과 교회의 아이들에게 제공하며 지역의 아이들과 교회의 아이들이 만나고, 뿐만 아니라 지역의 아이들과 교회학교의 교사들, 그리고 지역의 학부모들과 네트워킹을 해서 교회와 지역 간의 소통과 지역 어린이 선교의 길을 모색할 수 있다는 점에서 계속 힘쓸 예정이다.

이런 사역이 가능했던 이유는 바오밥카페를 통해서 지역의 학부모들과의 만남과 다섯콩어린이도서관에서 얻은 신뢰, 나아가 우리 교회의 이런 사역의 출발점이 되고 교회를 새로운 이미지로 지역에 비춰지게 만든 방과후교실, 그리고 은평구청과 녹번초등학교가 함께하는 교회에서 진행하는 프로그램인 마을청소년케어 등에서 이미 얻는 지역과의 신뢰가 중요한 하나의 밑거름이 되어 주었기 때문이다.

이런 과정 또한 교역자들의 충분한 이해와 협력, 당회의 적극적인 협력과 지원, 교우들의 신학적인 이해와 지역에 대한 관심, 그리고 봉사자들의 아름다운 헌신들이 어우러져 이루어지는 것들이어서 하나님 나라의 어떠함을 드러내는 것으로써 교회의 기쁨이 되고 동시에 지역의 기쁨이 되고 있다.

발제 4 오동섭 목사(미와십자가교회)

오동섭 목사는 장로회신학대학교 선교학 박사(Th.D.)이고, 현재 미와십자가교회 담임목사이면서 공간문화기획 스페이스아이 대표, 문화법인 하트빌더 대표, 장로회신학대학교 세계선교연구원책임연구원 및 한국선교네트워크 운영위원으로 섬기고 있다.

공간, 문화 그리고 선교적 교회

(미와십자가교회 사역을 중심으로)

Ⅰ. 도시선교의 틈새, 공간

'공간'(space)이란 말은 매우 단순하면서 매력적인 용어이다. 우리는 이러한 공간을 떠나서 살 수 없는 존재이다. 우리는 공간이라는 물리적인 영역 안에 살아간다. 그렇다면 우리에게 '공간'(Space)이란 어떤 의미를 주는가? 고대 공간에 대한 개념은 헤시오도스의 시원적인 심원의 공간인 '카오스'(Chaos)에서 플라톤의 창조의 공간 '코라'(Chora), 뉴튼의 '절대공간'과 라이프니츠의 '상대적 공간', 메를로 퐁티의 '몸의 공간', 르페브르의 '사회적 공간', 들뢰즈가타리의 '리좀'(Rhizome) 개념에 이르기까지 지속적인 연구와 새로운 실천적 시도들이 있어 왔다. 또한 급속도로 진화하는 뉴미디어에서 종교학자 요하킴 바하(Joachim Wach)는 몰입적 가상환경을 통해 '종교체험'의 가능성을 제시하고 있다. 매체를 통한 공간 창출과 새로운 체험은 과학, 예술, 종교의 세 축이 융합되는 '미디어 컨버전스 공간'(Media Convergence space)을 통해 '컨버전스 현상'을 만들어내게 될 것이라고 전망한다. 한편, 우리가 살아가는 공간은 도시의 발달과 함께 단순히 물리적 공간을 넘어 사회, 정치, 경제, 문화, 예술, 종교 등 복합적인 의미를 갖게 되었다. 발터 베냐민은 도시는 그 자체가 하나의 커다란 도서관으로 보고 도시 공간은 아무런 맥락이 없이 그저 허울뿐이고 흔적이 없는 공간이 아니라 흔적을 통해 도시의 기억들이 되살아 도시에 거주하는 이들에게 새로운 의미를 주어야 한다고 주장한다.

역사적으로 도시의 발달과 함께 대부분의 교회는 도시 공간에 있다. 그러므로 교회는 도시 공간이 가지는 다양한 의미에 대해 이해가 필요하다. 사실 성경은 에덴동산, 약속의 땅 가나안, 성막, 성전, 예루살렘, 가나안 땅의 정복과 분할, 하나님 나라, 새 하늘과 새 땅, 새 예루살렘 등 공간에 대한 중요한 상징들을 보여주고 있다. 하지만 아쉽게도 교회는 그동안 도시 공간에 대해 더 깊은 이해보다 성(Holy)과 속(World)의 개념 속에서 도시를 정복과 변화의 대상으로 정하고 일방적인 선교적 자세를 취하며 점차 지지부진하고 소극적인 형태에 머무르게 되었다. 이에 반해 일반 사회 분야에서는 도시 공간에 대한 더 깊은 이해와 새로운 시도를 통해 전통적인 도시 공간의 개념을 넘어서서 다양하고도 깊이 있는 연구와 함께 창의적인 접근을 시도해

왔다. 특히 소비트렌드 분석에서 제시한 '카멜레존'이란 개념은 도시 공간이 하나의 기능을 넘어서 다양한 기능이 융합할 것이라고 말한다. 즉 공간의 '컬래버레이션'(colaboration)이다. 예를 들어 쇼핑몰 안에 도서관, 은행 안에 카페, 서점과 휴식 공간 등 공간이 융합하여 새로운 창의적인 공간을 만들어내고 있다. 뿐만 아니라 도시의 공간들은 온라인과 연계하여 가상의 공간으로 확장되고 있으며 오래된 공간을 재생하여 완전히 새로운 공간이 아닌 전통과 현대가 어우러지는 공간을 만들어낸다는 것이다.

그런데 문제는 이러한 도시 공간의 창의적인 새로운 시도가 철저히 소비적인 관점에서 이루어지고 있다는 것이다. 이러한 현상은 우리가 살고 있는 도시 공간이 서서히 거대한 쇼핑몰로 변하고 있다는 것이며 도시인들은 사귐의 관계보다 거래적 관계로 변화되어 더욱 소비의 대상으로 전락하고 있다는 것이다.

이런 시대적 변화에서 교회는 교회의 공간, 도시 공간을 어떻게 보며 대응해야 할 것인가? 그 통찰력을 사도행전 28장 30-31절에서 찾을 수 있다.

바울은 로마에서 가택연금이라는 '셋집'에 갇혀 선교활동을 제한받게 된다. 하지만 그는 자신이 머무는 셋집을 새로운 선교의 공간으로 변화시킨다. 바울은 그곳에서 그에게 오는 모든 이들을 '환대'하고 '하나님 나라를 전파'하고 '예수 그리스도의 모든 것'을 가르치는 새로운 공간을 만들었다. 한마디로 '공간 전환'(spatial turn)이 이루어진 것이다. 그렇다면 교회가 공간 전환 또는 공간 변신을 위해서 고려해야 할 점이 있다면, 첫째 신학적인 통찰이 필요하다. 바울이 자신이 머문 '셋집'을 선교의 공간을 만든 것처럼, 교회는 도시의 소비적인 공간이 아닌 '사귐의 공간'으로 만들어 그곳에 머무는 이들에게 '내면적인 공간'을 만들고 더 나아가서 '하나님 나라의 공간'이 이루어지도록 공간을 기획해야 한다.

둘째 공간 변신을 위해 교회는 공간을 단순히 물리적 공간으로 보기보다 그 지역 속에서 어떠한 의미가 있는지 그 맥락을 살펴야 한다. 현재 작은 교회를 중심으로 창의적인 공간 창출이 시도되고 있다. 흔히 카페교회에서부터 도서관, 공연장, 어린이집, 공방 등이다. 또한 기성교회도 교회 내에 카페나 도서관 등을 운영하며 새로운 공간기획을 시도하고 있다. 하지만 이러한 시도가 단순히 지역적 맥락이나 소통이 없이 일방적인 공간 창출일 때 용두사미가 될 가능성이 높다.

그러므로 교회가 공간 변신을 위해서 지역에 대한 심층적인 조사를 바탕으로 지역의 필요에 맞는 공간분석과 함께 새로운 공간기획과 지속가능 할 수 있는 콘텐츠를 개발해야 한다. 예를 들어 교회가 새롭게 계획하는 공간이 지역에서 대화중심인지, 공공의 목적인지, 쉼과 아름다움을 주는 공간인지, 지역을 하나로 묶는 통합의 공간을 만들 것인지 등을 고려해야 한다.

셋째 교회가 공간 변신을 위해서 교회 내부적으로 모임을 구성하여 신학적, 목회적, 실제적인 성찰과 나눔이 있어야 한다. 동시에 지역주민들과 소통하며 공간 변신을 위해 서로 상상력을 모아 협업을 시도할 때 지역과 함께하는 지속가능한 선교적 공간을 만들 수 있을 것이다. 무엇보다 교회가 공간변신을 시도할 때 항상 가져야 할 상상력이 있다면 그 공간이 지역의 아픔과 슬픔과 고통에 공감하고 하나님의 아름다움과 안식과 복음을 전해 주는 깊은 울림이 있는 사귐의 공간을 만드는 것이다.

Ⅱ. 미와십자가 교회 - 문화와 예술를 통한 도시선교

미와십자가교회는 2011년 9월부터 3가정과 3명의 청년이 문화예술을 통한 도시선교의 열정을 품고 3개월간 개척 준비를 하여 서울여자대학교 대학로 캠퍼스 강의실에서 예배를 시작하였다. 2011년 12월 4일 창립 예배를 통해 현재 대학로 스페이스아이(Space I)에서 예배드리며 하나님이 주신 꿈을 구체적으로 만들어 가는 작은 믿음의 공동체이다. 8년 전 교회를 개척하며 아래와 같이 미와십자가교회의 기본적인 목회비전을 작성하였다.

1. 교회의 열정 - 예수를 알고 예수 안에 성장하고 예술를 증거하라

미와십자가교회는 '예수를 알고 예수 안에 성장하고 예수를 증거하는 교회'이다. 이 열정은 첫째, 요한복음 14장 6절의 말씀을 기초로 분주하고 경쟁적인 도시의 삶 속에서 나를 잃어버리고 세상의 거짓된 나로 살아가는 것을 거부하고, 예수 그리스도 안에서 진정한 나를 발견하고 지역공동체와 진정한 만남을 갖는 열정이다. 둘째, 사도행전 28장 30-31절에 바울이 '셋방'에서 하나님의 나라와 예수 그리스도의 모든 것을 가르친 것처럼 도시, 구체적으로 대학로에서 셋방과 같은 공간을 소유하는 것이 아닌 임대하여 문화와 예술을 통해 세상과 소통하며 복음을 증거하는 것이다. 셋째, 사도행전 3장 1-10절의 말씀에서 베드로와 요한이 앉은뱅이를 고쳐준 것처럼 도시 속에 주님이 우리에게 남겨주신 소중한 사역들을 감당하는 것이다. 특별히 우리가 직면한 북한선교, 다문화선교, 다음세대, 세속문화의 문제들을 문화와 예술의 관점에서 창의적인 방법으로 접근하고자 하는 열정이다.

2. 교회의 본질 - 선교적 교회

미와십자가교회는 신학적으로 교회 성장 중심이 아닌 교회의 본질을 새롭게 바라보는 선교적 교회를 지향한다. 즉 대학로에 파송된 선교공동체임을 알고 모든 사람을 구원하여 회복시키기 위한 하나님의 선교에 참여하기 위해 부름받은 공동체이다. 그러므로 대학로를 하나님의 사랑으로 품고 하나님이 이 지역에 하시는 일에 경청하고 문화와 예술을 통해 지역공동체와 소통하고 하나님의 일에 참여하며 복음을 증거한다.

3. 교회의 사역 - 문화예술을 통한 선교

미와십자가교회는 문화와 예술에 민감한 교회로서 도시 속에서 하나님이 주신 일상의 소중함을 삶에 자리에서 구체적으로 실천하는 공동체를 만들어 간다. 모든 성도들이 삼위일체 하나님의 영광이 예수 그리스도를 믿음으로 구주로 고백하며 그리스도의 사랑을 지역 공동체 안에서 실천하는 책임 있는 그리스도인으로 세우고자 한다. 문화와 예술을 통해 하나님의 영광이 드러나길 소망하며 상업주의에 물든 문화와 예술 속에 건강한 문화인들을 세운다. 또한 하나님의 빛이 스며든 다양한 공연예술과 작품으로 긴장과 두려움, 삶의 무거운 무게에 눌린 도시인들에게 하나님의 안식과 소망을 불어넣는 사역을 지역사회와 함께 하고자 한다.

4. 교회의 구조

미와십자가교회는 문화와 예술을 통한 도시선교 공동체로서 교회 내에 '예배와 양육'과 '사역'이란 선교공동체 구조를 가지고 있다. 다시 말해서 교회 내적으로 '예배'와 '양육'에만 집중하여 성도들을 훈련하여 일상의 삶 속에서 그리스도인으로서 고백적인 삶을 사는 것에 집중하도록 한다. 교회 외적으로는 선교를 위한 구체적이고 직접적인 선교전략을 통해 '공간프로젝트'라는 이름으로 사역을 만들어 가는 것이다.

Ⅲ. 예배- 오감으로 드리는 예배

미와십자가교회의 주일 예배는 공동체 예배라고 부른다. 예배는 매주 오전 11시에 대학로 스페이스아이에서 드려진다. 공동체 예배는 예전적이며 예술적, 참여적, 성막 중심의 색다른 형식으로 드려지는 '오감으로 드리는 예배'이다. 첫 주는 그림과 함께하는 예배로 설교시간에 그림을 그리며 설교를 하며 설교가 끝나면 그림이 완성된다, 둘째 주는 음악과 함께하는 예배로 찬양을 드리거나, 연주회, 내가 은혜받은 찬양, 명곡감상 등과 함께 말씀을 나눈다. 셋째 주는 명화와 함께하는 예배에서는 설교 본문과 관련된 명화의 작가와 시대배경을 소개하고 성도들의 느낀점을 나누고 말씀을 전한다. 넷째 주는 시와 함께하는 예배이다. 기존의 시를 낭송하거나 성도의 자작시를 발표하며 성도들과 느낌을 나누거나, 즉석에서 짧은 시를 성도들이 만들어 나누며 말씀을 전한다.

매주 예배 후에는 공동체 식사와 함께 공동체 나눔과 말씀 읽기가 식탁별로 이루어지는 '식탁공동체'가 있다. 예배순서는 오감을 통해 하나님의 임재를 경험하는 예배로 드려진다. 예배 전에 성도들이 들어오면서 촛불을 밝히며 침묵으로 기도한다. 찬양과 함께 예배가 시작되며 순서는, 찬양과 침묵 – 예배로 부름 – 찬양 – 사도신경 – 침묵의 고백 – 사죄 선언 – 고백의 찬양 – 공동체 기도 – 대표기도 – 봉헌 – 말씀봉독 – 설교(1주 그림, 2주 음악, 3주 명화, 4주 시) – 말씀 묵상 – 성찬 – 평화의 인사 – 파송찬양 – 간구 및 축도이다. 예배는 회

중의 참여와 하나님의 임재를 강조한다. 공동체 기도는 통성기도가 아닌 인도자와 함께 작성된 공동체 기도문을 읽으면 함께 기도드린다. 특별히 교인들은 예배 전에 촛불을 밝히며, 이 촛불은 예배가 끝날 때까지 밝혀지며 회중에게 시각적, 후각적, 촉각적인 느낌을 통해 하나님의 임재를 경험하도록 한다. 예배의 전체적인 순서는 리마예식서를 바탕으로 성막을 모델로 하여 구성되었으며 전통과 현대, 영적인 분위기를 통해 이벤트적인 예배가 아닌 진정성이 느낄 수 있는 예배가 되도록 한다. 매주 성찬식이 있다. 특별히 매년 8월에는 화가 한 명을 선정하여 그의 작품과 함께 말씀을 나눈다. 지금까지 2014년 '고흐와 함께 떠나는 영혼의 순례', 2015년 '세잔의 화실에서 하나님을 보다', 2016년 '루벤스, 일그러진 진주 위의 성스러움', 2017년 '이중섭에게 듣는 세 가지 이야기', 2018년 '마르크 샤갈에게 듣는 성경 이야기', 2019년 '숨겨진 아름다움을 그린 화가, 조루즈 루오'로 진행되고 있다. 이를 위해서 화가에 대한 작품과 단행본, 논문 등 자료 등을 기독교적인 관점에서 분석하여 말씀과 접목해서 성도들과 함께 나눈다.

IV. 양육-일상을 살아가는 영성

미와십자가교회 양육은 '일상을 살아가는 영성'이란 주제로 일상 속에 임하시는 하나님과 동행하며 구체적인 삶의 자리에서 하나님의 뜻을 실천하는 것을 목표로 한다. 교회에 등록을 하게 되면 첫 번째 만남으로 교회 소개와 목회방향에 대해 함께 나눈다. 이후에 1단계 기초양육으로 '변화된 신분'이란 대주제 아래 '믿음의 기초'와 '구원과 하나님 나라', '일상의 영성'이란 소주제로 소그룹 양육이 이루어지며 2단계는 '전적 신뢰'란 대주제 아래 12주 동안 '산 소망의 길'이란 소주제로 예배, 성경, 기도, 교회 등 신앙생활의 기초적인 내용으로 양육이 진행된다. 3단계는 '한 영혼을 위한 눈물'이란 대주제 아래 '진정한 나를 찾아서', '하나님 앞에서, 세상을 향하여'란 소주제로 일대일 양육을 이루진다. 4단계는 '경청 소그룹'으로 1, 2, 3단계 양육을 마친 성도들이 한 달에 한 번 말씀묵상과 삶을 나누는 모임이 진행된다. 교인들을 위한 양육 외에 열린 말씀묵상 그룹으로 타교인 또는 교회에서 관심이 있는 분들을 위해 주중에 '열린 양육'이 있다.

또한 교인들의 깊이 있는 말씀훈련을 위해 분기별로 '말씀캠프'가 주일 오후에 진행되어 그동안 '로마서', '요한계시록', '산상수훈', '빌립보서', '사사기열전', '복음 살리는 소리' 등을 진행하였다.

그 외 매년 2회의 성경개관을 위한 '하나님의 시네마스코프'이 있다. 영성훈련을 위해 격월로 '수도원 기행'이 1박 2일로 진행되고 있으며 성도들의 기도생활을 위해 매년 4회 '기도와 영성' 그리고 '중보기도학교'가 열린다. 매월 마지막 주는 복음에 대해 알기를 원하는 분들을 위한 'Jesus Talking'이 주일 공동체 예배를 통해서 이루어지고 있다.

특별히 매주 성도들이 개인적으로 말씀을 읽고 묵상할 수 있도록 발행하는 '일상묵상'이 있다. 기존의 큐티방식의 묵상이 아닌 바쁜 도시인들을 위해 짧은 시간에 묵상할 수 있도록 배려한 묵상집이다. 매일 시편과 구약 또는 신약의 말씀을 읽고 잠시 침묵하는 방식이다.

또한 매일 세 번의 말씀 문자를 통해서 성도들이 항상 하나님을 지향하도록 한다. 아침 8시(조도), 오후 1시(대도), 오후 6시(만도)로 수도원에서 하루 세 번 묵상과 기도를 하듯이 일상 속에서 하나님을 향한 마음을 잃어버리지 않도록 말씀 한 절과 기도 한 줄의 문자를 월요일부터 토요일까지 보낸다.

연령별로 청년부 모임인 '아둘람'과 청소년 모임인 'YAH'가 주일 공동체 예배 후에 진행되었다. 청년부 모임은 공동체 예배 후에 모임을 가지며 매월 첫째, 둘째 주는 말씀 나눔, 셋째 주는 영화나 공연 감상, 넷째 주는 매월 책 나눔이 있다. 청년부 여름과 겨울 수련회는 기존의 청년수련회 형식과 달리 '유랑'이라는 문화 콘셉트로 특정지역을 방문해서 오전에는 말씀 나눔, 오후에는 그 지역 문화탐방, 저녁에는 책 나눔과 기도회를 갖는다. 그동안 '안동유랑', '제주유랑', '춘천유랑', '인도유랑'을 진행했다.

매주 수요일에는 수요말씀과 묵상이 진행되고 있다. 문화적인 행사로는 해마다 성탄절 전날이나 성금요일에는 명곡감상과 함께 말씀을 묵상한다. 예를 들어 헨델의 메시아 전곡 감상, 바흐의 마태 수난곡 전곡 감상 등이 있다.

이외에도 교인들과 함께 진행하는 '사순절 5인 전시회', '한 여름밤의 재즈', 'The Garden of Jazz', '파파전시회' 등이 있다. 지역교회와 기관이 함께 하는 행사로 동숭교회와 서울대학병원이 함께 한 종교개혁 500주년 배재철 교수 콘서트 "말씀으로 노래하라"가 진행되었다. 매월 오색영화관으로 의미 있는 영화를 함께 감상하고 나누며 도심의 문화공간을 견학하고 나누는 '도시 성곽 기행'으로 동묘기행, 창경궁 기행, 창덕궁 기행, 서촌기행 등이 진행되었다.

V. 사역 - 사귐의 공간을 만드는 '공간 프로젝트'

미와십자가교회의 중요한 사역은 '공간프로젝트'다. 대학로뿐만 아니라 국내외 상업적인 공간들을 선교적인 관점에서 진실한 만남과 사귐의 공간을 만드는 사역이다. 교회 내부적으로 첫 번째 공간 프로젝트가 영국식 홍차 카페인 '레이첼의 티룸'(www.racheltearoom.com)이고 두 번째가 '스페이스아이'(www.spacei.kr)이며 세 번째 공간프로젝트는 물리적 공간이 아닌 공연사역인 극단 '미목'이며 네 번째 레이첼의 티룸에서 진행되는 상담사역을 주관하는 자원봉사자들로 구성된 '우물가상담원'이 있다. 또한 성도들이 교회 비전을 따라 개인적인 사업으로 사귐의 공간을 만들어 운영하는 예로서 영화-재즈 카페인 '8과 1/2'와 엽서와 카드, 액자로 사람들을 위로하는 팬시 사업인 '위로'(Welo)와 사진을 통해 하나님의 마음을 나누는 '포토 5025', 배진아의 '끌로이재즈'다. 외부적으로 송도예수소망교회와 함께 진행한 공간프로젝트로 '셰익스피어 하우스'와 '떨기나무', 서울시 지원으로 도시재생을 위해 고물상을 카페로 바꾸는 프로젝트로 '카페 시네필'이 있다.

1. 레이첼의 티룸

레이첼의 티룸은 성경의 우물가에서 만남과 변화가 있는 것을 모티브로 '우물가 사역'이라고 한다. 실내는 영국 가정집의 콘셉트로 마치 영국으로 여행 온 듯한 느낌을 받도록 했다. 잠시 자신의 분주한 삶을 떠나 영국의 일반 가정집에서 편안하게 영국 전통 티를 마시는 경험과 함께 그 안에서 삶의 여유를 가지고 이야기를 나누며 마음을 회복하며 자신을 발견하는 공간으로 꾸며졌다. 현재 티룸은 공방으로만 운영이 되고 있다. '손뜨개'(크로쉐)를 배우며 자신의 내면적인 이야기를 나누다 보면 친밀한 관계를 형성하며 관계형성을 통해 신앙적인 상담을 하기도 하고 자신의 상처나 아픔을 나누는 사랑방이기도 한다. 또한 티룸에서 일대일 양육을 하기도 하고 목회적인 상담이나 만남을 가진다. 말 그대로 티룸은 우물가에서 시원하게 물 한 잔을 마시며 한숨을 돌리며 쉼을 얻는 장소가 되었다.

2. 우물가 상담원

매주 화요일에서 토요일에 티룸에서 예약제로 운영되는 '우물가 상담원'이 있다. 전문 상담사들에게 1시간 30분~2시간 동안 개인적인 상담을 받을 수 있다. 우물가 상담원은 개인 상담과 부부 상담, 심리검사 등을 진행하고 있으며 격월로 상담원들이 개인 상담 사례를 함께 나누는 '슈퍼비전' 모임을 가진다.

3. 스페이스아이

'스페이스아이'는 문화예술의 꿈을 가진 이들이 상상력을 충전하고 키우며 구체적으로 표현해보는 실험실로서 소규모 연극공연, 연극연습, 콘서트, 전시회, 세미나, 강연 및 각종 모임을 할 수 있도록 공간을 연출하는 복합문화공간이다. 대학로의 재정적인 부담으로 어려워하는 예술인들을 위해 자신의 꿈을 위한 디딤돌의 역할을 하는 실험의 장이다. 현재 뮤지컬 퍼포먼스 팀인 '페이머스(famous)'와 함께 창의적인 공연을 진행 중에 있다.

4. 극단 미목

극단 '미목' 공연은 도시인들에게 복음 안에서 하나님 나라가 이루어지도록 쉼과 일상, 소박한 행복의 소중함을 일깨워주도록 하며, 시대에 다양한 사회적 과제를 공연을 통해서 진지하게 고민하며 따뜻하고 유쾌하게 풀어나가려고 한다. 그동안 구약의 '룻기'를 현대화한 '서울루키', 미혼모 문제를 다룬 '달빛연가', 다문화 어린이 인형극 '아브라숑'과 장애인 인식개선 인형극으로 정기공연 및 순회공연을 하였다. 또한 청소년 및 대학생을 위한 뮤지컬 Bus프로젝트가 준비되고 있으며 연극 아카데미로 아마추어반, 사모반과 퍼모먼스 테라피(performance therapy)를 진행할 예정이다.

미와십자가교회는 그동안 사역을 경험을 통해 좀 더 깊이 있고 다양한 사역을 위해 하트빌더(Heart Builder)를 설립하였다. 하트빌더는 분주한 도시인들의 삶에 문화와 예술을 통해 정서적 풍요와 심리적 안정, 자아발견, 마음의 회복, 인성개발, 인간관계 개선 및 소통 등 도시인들의 마음을 회복하고 가치 있고 풍요로우며 건강한 삶을 살아가도록 돕는 것을 목적으로 한다. 앞으로 하트빌더를 통해 공연예술 문화 사업, 문화예술 교육 사업, 도시문화와 소통에 대한 각종 조사 및 연구사업, 문화예술을 위한 국내외 각종 매체홍보 및 간행물 출판, 단체의 목적 달성에 필요한 후원 사업 및 수익 사업, 기타 위의 사업과 관련된 제반 활동을 위해 사회적 공적인 재정으로 공익적인 사업을 진행할 계획이다. 더불어 향후 문화예술에 비전을 가진 청년들의 창업을 도와주는 CAB(Culture and Art Builder)가 준비 중에 있다. 문화와 예술을 통한 도시 선교로 세워진 미와십자가교회는 도심 속의 소비적인 공간을 사귐의 공간으로 변화시키는 파송 받은 선교 공동체로서 하나님의 하시는 일을 경청하며 지역과 함께 그 일에 동참하며 지역과 소통하는 선교적 교회로 더욱 든든히 세워지길 소망한다.

Part_2
Encouragement

2부

논찬

논평과 격려

논찬 1 한국일 교수(장로회신학대학교)

한국일 교수는 장로회신학대학교에서 기독교교육(B.A)과 신학(M.Div)과 역사신학(Th. M)을 공부하고 독일 하이델베르크 대학교에서 선교학으로 박사학위(Dr. Theol.)를 받았다. 영남신학대학교 교수, 한국선교신학회 회장을 역임하였고, 장로회신학대학교에서 선교신학 교수로 재직한 후 2020년 8월 31일에 은퇴하였다. 현재 '가정·교회·마을 연구소' 소장으로 선교적 교회 운동을 하고 있다.

한국 선교적 교회의 현재와 미래

- 논찬 1 -

네 분의 목회자와 교회가 하나 하나 정말 귀한데, 한 번에 묶어서 이야기를 하니까 여러분들이 들으시고 이해하기에 의미가 조금 상당히 상대화되는 느낌이 있어요. 하나 하나의 교회가 소중하고, 교회의 방향을 잘 보여주는 좋은 교회들이라고 생각이 듭니다.

몽골의 유명한 장군의 명언에, "나는 성을 쌓기보다는 길을 내는 사람이 되고 싶다."라는 말이 있는데, 이는 유해근 목사님이 자주 사용하시는 말입니다. 선교적 교회를 하는 분들은 물론 다른 목사님들도 마찬가지긴 하지만 기존의 교회에 머물러 유지, 보수(保守)하기보다는 교회 본질에서 출발해서 시대적인 변화를 감지하고, 교회에 주어진 시대적 사명을 어떻게 감당할 수 있을까 하면서 새로운 길을 열어내는 개척자들인데, 저는 이것을 '제도적인 목회를 선교적인 운동성으로 회복하는 것이다'라고 생각을 합니다. 그래서 선교적 교회라는 말을 쓴 겁니다. 선교사와 교회사하고는 다르잖아요? 교회사가 제도 중심으로 움직여진 역사라면, 선교사는 똑같은 교회 이야기가 들어 있지만 운동을 중심으로 이루어집니다. 한국 교회가 짧은 기간 동안에 제도에 예속되어 있지 않고, 제도를 변화시켜 나가면서 새로운 길을 열어 가는 것이죠. 목사님의 다양성만큼이나 목회의 다양성을 경험한 것도 굉장히 중요한 부분입니다.

4교회인데, 2교회씩 그룹을 지어서 2교회는 기존 교회에서 어떻게 선교적 교회로 전환했는가? 또 2교회는 어떻게 출발하면서 새롭게 출발했는가? 이에 대해 중요한 부분만 이야기하면서 뒷부분에 가서 정리하겠습니다.

박홍래 목사님께서 밀알침례교회를 35년 동안 목회하시면서 기존 교회를 선교적 교회로 전환하는 것이 쉬운 일은 아닌데, 공통적 부분은 목회자의 의식의 변화에서 출발합니다. 나중에 정리를 하겠지만, 오래전부터 목사님이 여기에 눈을 뜬 것은 2015년이었는데, 사실은 10년~15년 전부터 시작된 마을 만들기 운동을 의식하면서, 마을 만들기 운동을 기가 막힐 정도로 공부를 많이 했습니다. 그러고 나서 선교적 교회와 마을 만들기 운동을 접목해서 전개해 나갔습니다. 그러한 마을 만들기 운동은 선교적 교회에 있어 엄청나게 중요한 토양입니다.

물질이나 돈에 집중하면 부작용이 생기겠지만, 마을 만들기 운동이야말로 옛날에 지역사회와 함께하는 교회운동입니다. 시민운동이나 민중운동 하는 운동권 출신 목회자들이 주로 했지만, 오늘날에 일반적인 목회자들도 마을 만들기 운동에 눈을 뜨기 시작하면 저절로 파트너를 구하기 때문에 목회적 관점이 열리기만 하면 지역사회에 다양한 기관들이 하나님 사람 선교에 아주 좋은 파트너가 되는 것입니다. 그것을 박홍래 목사님은 인지를 하고, 놀라울 정도로 공부를 하시고, 선교사적인 관점에서 목회를 하셨습니다. 다양한 프로그램들이 그것을 입증해 주고 있습니다. 읽으면서 놀라운 것은 선교적 교회를 잘하는 분도 계시지만, 설명을 잘 하는 분은 많지 않습니다. 그러나 목사님은 설명을 잘해 주셨습니다. 기존 교회가 선교적 교회로 전환되는 데 어떤 과정을 거치는지 짧은 글이지만, 어려움이 무엇인지, 목회자가 어떠한 준비를 해야 하는지, 제한된 지면임에도 불구하고, 잘 정리해 주셔서 이런 부분들을 계속 보았으면 좋겠습니다. 교회론의 확장은 목회 영역의 확장을 가져온다는 것을 목사님과 교회를 통해 확인할 수 있었습니다.

두 번째 기존교회에서 선교적 교회로 전환한 조주희 목사님의 성암교회는 60년대까지는 사실상 동네교회였습니다. 70년대부터 급성장하면서 개교회주의가 일어나 지역성을 상실한 개교회가 되어버린 것이 한국 교회입니다. 하지만 은평구는 동네가 살아있고, 목사님이 동네교회로 지향해 나가고 있습니다. 부임해서 기성교회로 들어갔지만, 기성교회에서 동네 특성을 파악하면서 접근하고 변화에 대한 이야기를 많이 들었는데 공부를 제일 많이 한 사람이 목사님입니다. 결국 변화는 목사의 의식에 변화에서부터 시작된다는 것을 확인할 수 있습니다. 47페이지에서 선교적 교회 이론을 통해서 교회론에 대한 변화를 신학적으로 새롭게 배우게 되었습니다. 교회의 가장 독특한 부분은 공적 지원 체계를 통해서 교회에 목사의 변화와 더불어 당회원과 성도들의 인식이 바뀌고, 목사가 끌고 나가는 것이 아니라 공감하고, 공유해서 함께 나갔다는 점이 굉장히 중요한 포인트입니다.

성암교회는 그 과정을 잘 기록해주셨고, 그런 과정을 사역 개발이란 표현을 씁니다. 51페이지에 개발된 사회복지 사역개발인데, 사역개발이란 기존에 하지 않았던 새로운 사역들을 목회 활동으로 개발해내기 시작하는 것입니다. 53페이지에 더 큰 걸음으로라는 것이 중요한 포인트인데, 한국이 오늘날 다종교사회 종교 중립 정책을 강하게 진행해 나가는데, 그런 점에서 볼 때 공교육 체계 속에 교회가 들어가서 영향을 끼치고, 교회와 공교육 시스템이 함께 협력할 수 있게 된 것이 놀라운 일입니다.

자연스럽게 지역에 있는 교회가 협력해서 공교육과 학생들과 교사들에게 영향을 끼친다고 할 때 자연스럽게 에큐메니컬 연합과 연대가 지역 교회 차원에서 어떻게 이루어지고 있는가 교과서적으로 보여주고 있습니다. 이렇게 점점 사역이 커져가는 것을 한 마디로 눈

덩이 이론이라고 말합니다. 성령의 확장성이라 할 수 있습니다. 전혀 이런 의도까지 생각하지 않고, 시작했지만 작은 시작의 변화가 시간이 지나가면서 지속적으로 지역 사회에 필요를 발견하면서 확장되는데, 이것이야말로 사도행전에서 볼 수 있는 하나님의 선교에 실제적인 현장이라는 것을 교회에서 사실을 통해 발견할 수 있습니다.

나머지 두 교회의 개척을 보겠습니다. 커피와교회는 숙대 앞에서 시작한 카페 교회인데, 카페 교회가 많은데, 카페 교회에서 망한 교회가 많습니다. 카페냐 교회냐 정체성에 대한 논쟁도 많은데, 유럽에서 공부할 때, 70년대 유럽 교회가 계속 교구 중심으로 해서 지역 주민과 교회가 하나였다가 점점 세속화 되면서 교회로 주민들이 들어오지 않으니까 앉아 있지 않고, 세상으로 나가자고 시작한 것이 카페 교회라는 글을 읽었습니다. come-structure에서 go-structure로 바꾼 거죠. 선교적 교회는 그런 점에서 구조적인 전환을 가져왔습니다. 성장하는 동안은 come-structure로 열심히 전도해서 교회로 데리고 와서 모이는 교회로 집중을 했는데, 선교적 교회는 앉아서 기다리는 것이 아니라 세상 속으로 나가야 한다는 '접촉점'을 모색한다는 점에서 굉장히 중요합니다.

일터 신학이라는 관점에서 어떻게 우리가 통합할 수 있는지 계속 연구해야 할 것입니다. 오동섭 목사님의 '미(美)와 십자가' 교회는 굉장히 독특한 교회입니다. 대중성을 지향하지 않고, 목사님이 가지고 있는 달란트 미술이라든가 미학 등을 최대한으로 살려서 교회를 형성해 나가는 것이 특징이라고 볼 수 있습니다. 특히 도시에서 공간을 의미를 부여함으로써 굉장히 중요한 표현 중에 하나가 소비적인 공간이 아니라 '사귐의 공간'이라는 점, 즉 선교적 교회에서 가장 중요한 부분인 코이노니아의 회복입니다.

한국 교회는 70년대까지 전도에 역점을 두었습니다. 케리그마 중심으로 그 뒤를 이어서 디아코니아를 하는 교회가 되었습니다. 오늘날 선교적 교회가 추구하는 것은 본질적으로 church for others 전에 with others라는 사실을 발견하고, 코이노니아를 회복하고 지역사회를 함께하는 것을 교회론의 핵심적인 본질로 보고, 그 위에 케리그마와 디아코니아를 세웠습니다. 이제 미와십자가교회도 케리그마도 하고, 디아코니아도 하지만, 사실 중요한 것은 어떻게 도시에 있는 공간을 사귐의 공간으로 만들 수 있을까? 코이노니아로 근거한 교회, 모든 선교적 교회의 핵심적인 원리이지만, 그렇게 해서 문화와 예술을 교회가 세상을 만드는 매개로 여기고 일상을 중요한 활동의 터전으로 삼았다는 사실이 중요합니다.

종합하면, 경영학자와 목회자들과 지역 교회에 7년 동안 연구하면서, 경영학자가 회사를 컨설팅할 때 3가지 관점으로 3P 이론으로 진단하고, 컨설팅으로 하는데, 그것은 philosophy, principle, program입니다. 한국 교회는 program에 관심이 많습니다. 사실 선교적 교회 사례 연구를 보면 program은 무궁무진합니다. 교회마다 다 다릅니다. 그렇기 때문에 program보다 더 중요한 것은 신학적 관점, 목회적인 관점입니다. 여기서 목사님들에게 공통적인 부분이 교회론의 변화, 선교론에 대한 변화, 세상에 대한 이해, 교회와 세상의 관계, 하나님나라 공적 신학, 평신도 신학, 이런 신학적 주제의 새로운 정립이 있어야 합니다. 신학에 너무 편협하면, 선교적 교회를 진행하기 어렵습니다. 첫 번째, philosophy, 즉 선교 신학, 신학적 관점으로 목회를 정립하는 것입니다. 그 다음이 principle인데, 첫째, 목사의 인생에서 변화부터 시작된다는 것입니다. 목사가 왜 중요하냐면, 한국 교회에서는 기능적으로 중요합니다. 목사가 안 변하면 절대로 교회는 변하기가 어렵습니다. 목사의 변화를 통해 시작되는 원리, 두 번째는 성도와 공감하며, 공유해서 함께 가는 원리, 세 번째 지역의 특성을 이해하면서 필요성을 발견하는 원리, 네 번째는 성도들에게 주어진 은사를 발견하는 원리, 다섯 번째는 접촉점을 찾아가는 원리, 여섯 번째는 지역 주민에 신뢰를 얻는 원리, 일곱 번째는 작은 출발로 시작하는 것입니다.

결코 거창한 시작이 아니라 오병이어처럼 있는 것, 가진 것에서부터 시작하는데, 놀랍게도 2, 3년 지나면서 전혀 의도하지 않았던 점점 더 놀라운 사역들이 일어나서 모든 것을 다 이룰 수 있게 되는 것입니다.

논찬 2　황병배 교수(협성대학교)

황병배 교수는 감리교신학대학교(B.A.)와 연세대학교(B.A.)를 거쳐, 연세대학교 연합신학대학원(Th.M.)과 미국 애즈베리 신학대학원(M.Div./Ph.D.)을 졸업하였다. 군목으로 사역하였고, 현재 한국선교신학회 회장, 한국교회선교연구소 소장, 협성대학교 신학대학 교수로 봉직하고 있다.

한국 선교적 교회의 현재와 미래

- 논찬 2 -

한국일 교수님과 같이 선교적 교회에 대해서 많은 관심을 가지고, 개인적으로 한국교회선교연구소를 통해서 매년 선교적 교회에 관한 외국에 학자들의 현장에 트렌드를 한국에 제공한다는 의미에서 매년 한 권씩 번역해 왔습니다.

올해도 번역하는 책 제목이 <Faith Full Present>인데, 선교적 교회에 대한 책입니다. 지난 수십 년 동안 한국 교회에서 양적으로 엄청난 성장을 이뤘습니다. 그러면서 굉장히 극단적으로 이원론적인 패러다임에 갇히게 되었습니다. 그것이 무엇이냐면 큰 교회, 작은 교회 패러다임입니다.

큰 교회는 무언가 온전하고 완전한 좋은 교회, 큰 교회 목사님들은 뭔가 영성 있고, 부지런하고, 능력이 있는 목사님이고, 반대로 작은 교회는 무언가 좀 부족한 점이 있고, 불완전하고, 작은 교회 목회자들은 영성이 조금 떨어지고 게으르다 하는 이원론적인 패러다임에 갇혀 있습니다. 과거에 작은 교회를 담임하는 소형 교회 목사님들은 굉장히 주눅 들었습니다. 그리고 목회에 대한 소명감, 사명감으로 시작했지만, 그것이 시간이 지날수록 많이 퇴색되고, 어려워하셨습니다.

그런데 대형교회들이 강점도 있지만 또 약점들도 있습니다. 한국교회의 경우 대형교회에 대한 사회의 지탄을 받을 만한 일들이 여러 차례 있었습니다.

그래서 지금 이 시대 2000년대 들어서서 선교적 교회론이 한국 교회에 소개되면서, 마치 선교적 교회는 작은 교회들만이 할 수 있는 것이다라는 생각들도 팽배해 있습니다. 제가 말씀드리는 것은 갇혀 있는 패러다임을 벗어나야 하는데, 그 벗어나야 하는 패러다임이 큰 교회, 작은 교회 패러다임이라는 것입니다. 큰 교회, 작은 교회 패러다임으로 선교적 교회를 보게 되면, 여전히 우리는 패러다임 속에서 갇혀서 한국일 교수님의 지적처럼 극단적인 선교적 교회를 추구할 수밖에 없고, 그것은 보편성을 잃어버리게 됩니다. 그래서 저는 큰 교회 작은 교회 패러다임이 중요한 것이 아니고, '교회가 무엇이냐?'에 대한 문제, 즉 선교적 교회에 문제는 교회론의 문제라고 생각합니다.

왜 우리가 Missionary, 혹은 Missional이라는 말을 썼느냐면, 교회에 존재론적인 문제가 우리 선교적 교회에서는 더 중요하다는 것입니다. 그게 이루어지지 않고 어떤 것를 한다며 수없이 많은 프로그램을 해도, 선교적이지 않으면 아무런 의미가 없는 것입니다. 그래서 대형교회는 선교적 교회가 될 수 없다고 생각하는 사람도 대형교회, 소형교회라는 이원론적인 패러다임에 갇혀 있는 사람들입니다.

동산교회가 얼마나 큽니까? 동산교회가 크기 때문에 선교적 교회가 될 수 없느냐? 아닙니다. 작은 교회, 큰 교회 패러다임이 아니라 교회가 선교적이냐 아니냐 하는 것이 더 중요한 문제입니다. 선교적 ontology 문제입니다.

선교적 교회론의 문제론은 Ontological ecclesia 문제라고 생각을 하고, 오늘 이렇게 자리를 마련한 것도 한국 선교 신학회가 한국 교회의 대표적인 선교신학회인데, 현장에서 실제로 선교적 교회론을 실천하고 있는 분들과 함께 포럼을 해보자 이런 의미에서 시작했는데, 저는 선교적 교회론을 존재론적 교회론이다부터 시작해서 오늘 4분의 사례를 들은 바, 제가 2년 전에 한국 선교적 교회들로부터 하는 선교적 통찰이라고 하는 주제로 논문을 썼습니다. 선교신학 47호에 나와 있는데, 여러 선교적들의 사례를 보니까 공통적으로 가지고 있는 요소들이 있습니다. 오늘도 보니까 그 요소들이 드러납니다. 그래서 몇 가지 말씀드리려고 합니다.

첫째로는 보냄 받은 공동체라고 하는 정체성을 가지고 있습니다. 선교적 교회에 리더들 목회자들 평신도들은 우리가 하나님으로부터 보냄을 받았다라는 분명한 정체성을 가지고 있습니다. construction에서 Go-struction로 바뀌었다고 말씀하신 것처럼 바로 그런 것입니다. 보냄을 받았다. 그럼 어디로 보냄을 받았냐면, 세상을 보냄을 받았다는 것입니다. 그런데 여기서 중요한 것은 세상은 어디냐는 것입니다. 선교적 교회를 실천하는 분들은 100% 지역 사회입니다. 그러니까 내가 지금 서 있는 이 곳, 이 곳이 선교지라는 의식이 있습니다. 그래서 과거에 선교지하면 타문화권만을 생각했는데, 어제도 우리 교단에 회의에 참석했는데, 이제는 감리교단에서 타문화권만을 선교지가 아니라 바로 여기 한국이 선교지다라는 정체성을 변화를 받아들일 수밖에 없는 상황을 맞이했습니다. 중국에서 추방당한 선교사만 40가정이 됩니다. 그분들이 한국에 있습니다. 그분들이 선교사가 아닙니까? 한국에 나와 있는 중국인들을 상대로 해서 선교할 수 있는 부분들입니다.

그래서 지역사회가 세상이 지역사회이다라는 점이 중요하고, 교회에서도 공통된 특징이 있습니다. 보냄을 받았는데, 세상으로 보냄을 받았으면, 거기서 무엇을 하기 위해서인데, 하나님의 선교입니다. 하나님의 선교에 참여하기 위해서 세상으로 보냄을 받았다는 것입니다. 하나님의 선교에 최종적인 목표는 무엇이냐면, 하나님의 나라입니다. 그래서 선교적 교회를 실천하는 분들은 개교회 중심에서 저절로 탈피합니다. 저절로 나올 수밖에 없습니다. 하나님의 나라에 대한 신학을 본인이 이야기를 하든 안하든 이미 가지고 있습니다. 개교회 중심이 아니고, 하나님 나라 중심에 사역을 하는 것입니다. 그리고 하나님의 선교에 참여해서 하나님의 나라를 위해서 하는 사역들은 결국은 통전적인 선교입니다. 그러니까 입으로만 복음을 전하면서 모든 것을 다 한다거나 개인의 영혼 구원만 하는 것이 소명을 다했다는 것이 아니라 이 땅에 임하는 하나님의 나라, 임재, 통치가 중요하기 때문에 사역 자체가 통전적일 수밖에 없습니다. 많은 복지인 커피, 카페 등 여러 가지 활동을 보면서 통전적인 사역이 될 수밖에 없습니다. 이러한 교회를 이루기 위해서 선교적 교회 구조를 가지게 되는데, 구조의 핵심은 목회자와 평신도에 관계가 어떤 관계를 가지냐입니다.

과거에 전통교회는 분명한 구조를 가지고 있습니다. 그러나 선교적 교회는 그것을 가지면 안됩니다. 평신도들은 어떻게 사역자로 함께 사역하느냐 그래서 사용한 용어는 라오스입니다. 라오스는 백성입니다. 라오스 데오스는 하나님의 백성이라는 뜻을 가지고 있습니다. 백성들이 함께 이끌어가는 것입니다. 선교적 교회를 보면, 목사들이 하는 것보다 은사 중심의 선교 평신도 사역자들이 하는 일들이 더 많습니다. 바람직한 것입니다. 그래서 결국은 보냄을 받은 공동체, 세상의 지역 사회라는 것, 거기서 하나님의 선교에 참여하는 것입니다.

다시 한 번 이런 학자들과 또 현장에 목회자들, 그리고 평신도들과 교회 밖의 분들까지 아울러서 함께 모일 수 있게 되어서 기쁘고 감사하고, 다시 한 번 격려의 말씀으로 논찬을 대신하겠습니다.

Part_3
United

3부

토크쇼

새로운 도전을 위한 하나됨

토크쇼

진행: 송창근 목사
블루라이트강남교회

참가자
한국일 교수, 황병배 교수,
박홍래 목사, 안민호 목사, 조주희 목사, 오동섭 목사

한국 선교적 교회의 현재와 미래

-토크쇼-

송창근 목사(사회자)

선교적 교회가 무엇인지 간략하게 정의를 하고 들어가야 할 듯 합니다. 선교적 교회에 대한 여러 생각과 모델들이 한국 교회 안에 다양하기 때문입니다. 그러다 보니 선교적 교회가 무엇인지에 대한 정의가 때로는 혼란스럽기까지 합니다. 목회자와 성도들이 선교적 교회가 무엇인지 정의를 쉽게 알 수 있도록 신학자 입장에서 황병배 교수님께서 이야기해 주시기 바랍니다. 이어서 박홍래 목사님께서 목회자의 입장에서 선교적 정의에 대해 답변해 주세요.

황병배 교수

선교적 교회라고 하는 개념 정의에 대해서 어떤 학자가 이렇게 이야기했습니다. "선교적 교회라는 말이 가능하냐? 왜 그러냐면, 선교가 없는 교회는 교회가 아니기 때문이다. 선교와 교회는 뗄 수 없는 것이다. 오죽 교회가 선교를 못했으면 이 시대에 선교적 교회라는 말을 만들어서 교회에 선교적 본질을 회복하는 운동이 일어나는 것인가?"하는 것입니다. 그래서 선교적 교회가 무엇인가라고 말하는 것이 어렵습니다.

제가 쓴 논문에서 "선교적 교회는 교회의 선교적 본질을 회복하고, 하나님으로부터 세상에 보냄을 받는 선교적 공동체라는 자기 정체성을 가지고, 이 땅에 임하는 하나님 나라 선교를 수행하는 사명 공동체이다."라고 했습니다. 한 마디로 이야기를 하면 "선교적 본질을 회복하는 교회가 선교적 교회이다."라고 정의하고 싶습니다. 제가 논찬에서 언급했던 책 이름 "Faith Full Present"도 결국은 Ontological ecclesia라고 언급한 것처럼 교회의 본질을 세우지 않는다면 하나님 나라 관점에서 보면 의미가 없는 것입니다.

송창근 목사(사회자)

선교적 교회가 선교적 본질을 회복하는 교회라고 정의해 주셨습니다. 현장 목회자의 입장에서 어떻게 정의를 내릴 수 있는지 들어 보도록 하겠습니다.

박홍래 목사

선교적 교회라고 할 때 목회 현장에서 우리 교회는 선교적 교회라고 말하는 것이 모순인 것 같습니다. 선교적 교회를 표방한다는 것도 그렇고, 교회라고 하는 것은 교회론에서부터 시작해야 하는데 결국은 교회가 목사 중심의 생각 체계에서 탈피하여 삶의 현장에서 그리스도인으로 살아갈 수 있도록 하는 것이 아닐까라고 생각합니다.

우선 목사님들의 생각이 바뀌어야 합니다. 선교적 교회는 평신도 신학에 바탕을 두는 새로운 교회라고 볼 수 있습니다. 목회 현장에서 본다면 성도들이 삶의 현장에서 어떻게 실제로 표현하며 살아갈 수 있는지에 대한 구체적인 가르침과 훈련이 필요합니다.

먼저 하나님 나라의 확장을 얘기합니다만 사실 성도들은 이런 것에 집중할 여력이 없습니다. 먹고 살기 바쁘고, 교회 봉사하는 것도 빠듯한데 거기다가 하나님 나라 일까지 하는 것는 결코 쉬운 것이 아닙니다. 제 경험을 토대로 보면 교회 사역을 통해서 일자리 창출을 하면서 지역의 사람들과 접촉해 나가야 합니다. 삶의 현장에서 그리스도인으로서 복음의 신선한 표현을 하는 것이 선교적 교회라고 말할 수 있습니다.

송창근 목사(사회자)

목회자 입장에서 선교적 교회를 성도들이 삶의 현장에서 다양한 표현을 할 수 있도록 돕는 것이다라고 정의를 해 주셨습니다. 이 자리에 다른 분들도 계시니까 선교적 교회를 다른 강조점에서 표현하고 싶은 분이 있으면 말씀해 주시면 됩니다. 없는 것 같으니까 질문을 받도록 하겠습니다.

김윤구 목사(질문자)

오늘 여기 와서 컨퍼런스를 들어보니까 선교적 교회라고 하는 것 자체가 사실 초대교회로 보면 선교하는 교회라는 생각이 듭니다. 제 생각은 목사가 패러다임을 바꾸고, 성도들을 세워서 함께 내가 있는 자리에서 복음을 전하는 것이 선교적 교회라고 생각합니다. 왜냐하면 국내에 많은 한국 교회가 있고, 230만 명이라는 외국인들이 들어와 있습니다. 우리는 글로벌 시대에 살고 있는 선교적 교회가 이미 되었습니다. 내가 서 있는 자리에서 국내와 해외에 사람들을 세우고, 파송해서 함께 전도하는 것을 선교적 교회라고 정의하는 것이 좋을 것 같습니다.

송창근 목사(사회자)

선교적 교회에 대한 정의를 한 가지로 답을 내리기보다는 토크쇼의 핵심이 다양한 관점에서, 여러 이야기를 들으면서 각자의 방향을 조금 더 점검하는 것으로 이해해 주셨으면 합니다.

두 번째 질문인데, 선교적 교회, 즉 Missional Church라고 말할 때 10여 년 전부터 관심이 있어 왔는데, 이제 선교적 교회가 한국에서 대세가 되어가는 분위기입니다. 부정적인 우려로 유행처럼 지나가는 것이 아닐까 걱정도 있는데 한국일 교수님께서 한국에서 일어나고 있는 선교적 교회, 즉 Missional Church 운동이 지금 이 시대 한국 교회에 왜 필요한지 진단해 주시면 감사하겠습니다.

한국일 교수

교회가 선교에 참여하지 않고, 19세기까지 선교 단체나 기관 중심으로 선교를 해 왔습니다. 유럽에서는 개교회가 아닌 공교회 차원에서 선교가 진행되어 왔고, 지역교회는 선교적인 의지를 가지고 있지 않았습니다. 왜냐하면 모두가 다 크리스천이고, 지역의 주민이 교회의 등록한 사람들이기 때문에, 99% 이상의 지역 교회는 선교에 직접 참여하지 않고, 선교단체를 지원하면서 진행되어 온 것입니다. 그러다가 선교적 교회의 기원으로 레슬리 뉴비긴이 어떻게 지역 교회를 세속화 되는 사회에서 선교 공동체로 만들 수 있을까 각성을 한 것입니다.

그와 달리 한국은 100% 처음부터 선교적이고, 선교하는 교회로 활발하게 진행을 해오다가 70, 80년대에 성장하는 교회로 패러다임을 바꾸면서 모이는 교회 중심으로 가게 되었습니다. 그러다보니 어떤 현상이 오게 되었냐면, 한국 교회는 전도는 하는데 지역 사회에 관심이 없습니다. 바꿔 말하면 지역에서 전도 선교 활동은 하지만 지역 사회 안에서 선교적이지 않다는 것입니다. 선교적이지 않으면서 선교하는 교회만 있는 다시 말하면, 지역 사회와 고립된 교회인 것입니다. 핵심적인 내용이 무엇이냐면, 근본적으로 지역 사회와 교제 및 관계를 회복해야 합니다. 선교하는 교회에 만족하지 않고, 전도는 하지만 지역 사회에 관심이 없는 교회가 아니라 지역 사회에 관심을 가지고 더불어 살면서 어떻게 전도와 선교하는 교회가 될 것인가? 이것이 한국 교회의 과제가 되어야 합니다. 한국 교회가 선교적 관점을 통해서 지역 사회에 대하여 교회의 본질인 선교적인 파송을 회복해야 할 필요가 있습니다.

송창근 목사(사회자)

굉장히 멋진 말씀을 해주셨습니다. 한국 교회가 지역에서 전도와 선교는 하는데 지역 사회에 대한 진정한 관심과 사랑이 없다. 그것을 다시 회복하자. 그런 관점으로 이야기해 주셨습니다. 좀 더 따끈한 논쟁이 되는 질문으로 바로 들어가도록 하겠습니다.

현장 목회자인 오동섭 목사님께 여쭤 보겠습니다. 실제로 'Space I'라는 공연장을 대학로에서 운영하고 계시는데요. 선교적 교회라고 하면 카페, 도서관, 공연장, 문화센터 등을 통해서 복음을 전하는 새로운 스타일의 교회, 특수한 집단만이 할 수 있는 것처럼 한국 교회에 비춰온 것이 사실입니다. 선교적 교회가 특수한 영역의 새로운 스타일의 교회들만이 할 수 있는 것이라면 기존 교회나 중대형 교회는 선교적 교회를 할 수 없는 것인가요?

오동섭 목사

일단, 결론부터 말씀드리면 '할 수 있다'라고 이야기하고 싶습니다. 저도 부목사 생활을 대형교회에서 했기 때문에 대형교회가 어떤 시스템으로 운영되는지 잘 알고 있습니다. 선교적 교회가 카페나 특별한 콘텐츠를 가지고 하게 된 배경에는 지역에서 접촉점을 가지는 데 좋기 때문입니다. 긍정적인 측면에서 기존 교회나 중대형 교회들은 재정적이나 환경적으로 안정되어 있기 때문에 선교적 교회를 할 수 있는 잠재적인 능력이 많습니다. 부정적인 면으로는 교회가 성장할 때까지 전통과 역사, 나름대로의 틀이 있기 때문에 지역 사회에 대한 유연성 있는 대처가 쉽지 않다는 것입니다. 또한 전통교회가 가지고 있는 리더십을 선교적 교회의 리더십으로 바꾸기 위해서는 하루 아침에 되는 것이 아닙니다. 많은 연구와 준비 작업을 통해서 리더십들이 먼저 바뀌고 난 뒤에 구체적으로 말하면, 담임 목회자와 부사역자들, 그리고 당회원들의 생각이 바뀌어야 교회의 방향이 바뀌게 됩니다. 기존 교회는 교회의 질서와 전통이 중요하기 때문입니다. 역사가 있는 기존 교회들과 중대형 교회는 큰 배와 같습니다. 큰 배들은 천천히 선회해야 합니다. 갑자기 선회하면 자초되는 것처럼 기존 교회나 중대형 교회가 선교적 교회를 하기 위해서는 이런 것을 감안하고, 준비해야 합니다.

또 한 가지는 중대형 교회들은 풍부한 잠재성을 가지고 있기 때문에 쉽게 우리도 카페하자, 도서관 하자, 공연장 하자, 바로 하면 될 것이라고 생각하기 쉽습니다. 건물은 쉽게 지을 수 있지만 그것이 과연 얼마나 지역 사회에 의미가 있는 것이 될 것인가는 전혀 다른 문제라는 것을 알아야 합니다. 섣불리 건물부터 세우려고 하지 말고, 먼저 지역을 분석하고, 교회 안에 내적인 동기를 충분히 파악한 다음에 잠재성을 어떻게 지역 사회에 맞게 펼쳐 낼 것인가를 생각해야 합니다. 그런 것들을 준비하는 과정에서 카페, 도서관, 아트홀이 필요할 수 있겠지만 그것은 철저히 교회의 필요에 의해서가 아니라 지역 사회의 필요에 의해서 시작되어야 합니다. 많은 교회들이 지역 사회를 위해서 여러 건물, 콘텐츠, 사역을 시작하는데 사실 지역 사회는 그것은 필요로 하지 않는 경우가 대부분입니다. 선교적 교회를 할 때 너무 교회가 주체가 되고, 지역은 항상 대상이 되는 우리의 패러다임이 문제가 됩니다. 잘못하면 교회가 자신들의 영향력을 확대하기 위해서 한다는 부정적인 이미지를 줄 수가 있기 때문에 지혜가 필요합니다.

송창근 목사(사회자)

기존 교회와 중대형 교회도 얼마든지 선교적 교회로 갈 수 있지만 새로운 교회의 접근법과는 그 체제와 방향, 환경이 다르다고 이야기해 주셨습니다. 한국일 교수님께 한 번 더 여쭈어보고 싶은 것이 있습니다. 새로운 교회, 작은 교회들이 선교적 교회에 보다 쉽게 접근할 수 있는 데 반해, 기존 교회나 중대형 교회들은 구조적인 문제 등으로 전환에 어려움이 많다는 의견들이 있습니다. 왜 이런 문제가 생겼고, 어떻게 해결해야 할지에 대해서 이야기해 주셨으면 합니다.

한국일 교수

통합 교단에 재적이 7만 명이 되는 한 대형교회가 있는데 목사님의 목회 방식이 새벽기도와 영혼구원입니다. 그 목사님 안수 받을 때 아버지께서 예수를 믿지 않았기 때문에 영혼 구원에 대해 절실했습니다. 열심히 전도하고, 은혜있는 설교로 7만 명으로 성장한 뒤에 담임목사가 바뀌었습니다. 그후에 인천 시장이 후임 담임목사님을 만날 기회가 있었는데 이렇게 물었답니다. “인천에 크고 작은 교회가 많은데, 작은 교회들도 지역 사회를 위해서 많은 노력을 하는데 가장 큰 교회는 그동안 지역 사회를 위해 한 일이 무엇입니까?”라고 결정적인 질문을 했다고 합니다. 저는 전임 담임 목사님의 사역을 평가하려는 것이 아니라 목회적인 패러다임을 이야기 하는 것입니다. 그분은 자신의 소명인 영혼구원에 충실하고, 또 열매를 많이 맺었습니다. 그런데 교회 밖에 있는 시장이 보기에는 대형교회가 자기 교회 안에서만 머물러 있고, 지역 사회를 위해서 아무것도 안하고 있다고 느낀 것입니다.

후임 목사가 와서 선교적 교회로 전환하고 있는데 과연 대형교회가 선교적 교회로 전환이 가능한가? 저도 관심이 많습니다. 먼저 당회원들과 부교역자들이 모여서 준비를 하지만 부교역자만 60명이 넘습니다. 교회 중직자들의 관점을 바꾸고, 새로운 정책을 세우고, 대형교회에 맞게 복지 법인을 만들어서 교회와 지역 사회의 매개체로서 접근하는 방식을 취합니다. 큰 규모답게 지역과 함께하면서 과거에 해왔던 총동원 주일이나 지역에 있는 작은 교회들과 선교사들을 여전히 섬기고 있습니다. 그렇게 의식이 바뀌면서 교회의 방향도 조금씩 달라지는 것을 보여주고 있습니다. 재적 7만 명이 되는 교회도 목회적인 방침에 따라서 비전과 정책을 변경하면 충분히 가능할 수 있고, 규모가 크면 사회적으로도 보다 큰 일을 할 수 있습니다.

송창근 목사(사회자)

또 하나의 질문이 있습니다. 선교적 교회가 한국에 소개된지 10여 년이 되었는데 어떤 분들은 선교적 교회라는 개념이 아니라도 이미 한국 교회는 오래 전부터 선교 사역이나 사회봉사를 열심히 해 왔고, 사회적인 법인도 세워서 세상을 잘 섬겨 왔다는 것입니다. 그런데 요즘 새롭게 이야기하고 있는 선교적 교회와 기존에 해왔던 사회봉사나 복지가 어떤 차이가 있을까? 많은 목사님들이 헷갈리는 것 같아요. 이 부분에 대해서 황병배 교수님께서 이야기 해주시기 바랍니다.

황병배 교수

분명히 겹치는 부분이 있습니다. 그래서 본질을 이야기하는 것입니다. Missional Church의 반대되는 개념을 우리는 Transitional Church, 전통교회라고 말합니다. 그런데 전통교회에서도 이미 복지, 법인, 고아원, 학교를 다 했습니다. 선교적 교회를 말하는데, 무슨 차이가 있냐면. 전통교회는 Heaven Center로 한국일 교수님 말씀처럼 철저히 영혼 구원의 목적으로 가난한 자에게 빵을 주고, 복음을 전해서 예수를 영접시키고, 천국을 가게 하는 것입니다. 물론 교회는 전도와 선교를 위해 존재하고, Heaven이 중요합니다. 그러나 선교적 교회는 그것을 뛰어넘는 부분이 있습니다. Kingdom Center입니다. Kingdom은 Heaven만이 아니라 이 땅에 임하는 하나님의 통치와 현존도 중요시 합니다. 빵을 줄 때에 배고픔을 해결하는데 일차적인 중요성을 가집니다. 그래서 Heaven Center와 Kingdom Center

는 차이가 있습니다.

또 하나는 전통교회는 사회에 접근할 때 교회를 통한 개인 중심인데 반해 선교적 교회는 커뮤니티입니다. 아까도 사례를 이야기하실 때 접촉점이란 말을 많이 하셨습니다. 접촉점이 왜 중요하냐면 접촉점이 만들어지지 않으면 복음이 전달되지 않습니다. 빵을 주면 빵을 주는 것으로 끝납니다. 접촉점이 만들어져야 그 다음 단계로 넘어가는 것입니다. 선교적 교회에서는 접촉점이 굉장히 중요합니다. 지역연구를 하는 이유가 접촉점이 필요하기 때문입니다. 접촉점을 통해서 커뮤니티가 만들어지는 것입니다

선교적 교회가 전통교회에 거부감을 주는 것이 무엇이냐면 복음을 전하지도 않는데 저것이 무슨 교회냐는 것입니다. 전통교회의 사회 봉사는 처음부터 교회의 이름으로 전도의 목적이 분명합니다. 물론 전도와 선교의 이름으로 직접적인 복음 전파를 위한 봉사도 필요합니다. 그런데 선교적 교회는 과정을 중요시여깁니다. 선교적 교회는 커넥팅이 중요한 것이 아니라 커뮤니티가 중요합니다. 그 다음이 네트워킹입니다. 우리가 하는 작업이 네트워킹의 작업입니다. 같이 모여서 네트워킹을 만들어가는 것입니다. 7만 명이 모이는 교회, 5천 명이 모이는 교회 등은 지역에 하나씩 있습니다. 큰 대형 교회 하나와 중소형 교회, 작은 30명, 20명 교회 등 수많은 교회들이 네트워킹을 형성할 때 어느 것이 더 강할지, 하나님 나라에 무엇이 더 효율적인지를 생각해보자는 것입니다. 그래서 네트워킹이 중요하고, 최종 목표는 Kingdom입니다. 전통 교회가 사회 봉사를 하지 않은 것이

아니지만, Heaven이고, 선교적 교회는 근본적으로 Kingdom입니다.

송창근 목사(사회자)

빵을 주고, 후원을 하는 것이 전도와 교화를 위해서 하는 것이냐? 하나님 나라와 커뮤니티의 연대를 위한 활동인가? 비교하면서 강조해 주셨습니다. 또 한 가지 논란이 되는 문제가 있습니다. 기존 교회의 입장에서 선교적 교회 운동과 연결되는 데 부담을 느끼는 것이 있는데요. 선교적 교회가 건물 중심의 교회론을 넘어서야 한다는 것입니다. 선교적 교회는 흩어지는 교회를 강조합니다. 그런데 기존 교회에서는 그것이 탈 교회로 비춰질 수 있습니다. 선교적 교회 운동이 사회에 대한 공적 신학을 강조하고, 지역 사회에 치중하는 모습으로만 비춰질 수 있다는 말입니다. 그러다 보니 선교적 교회를 비판하는 입장에서는 보편적인 교회론, 예배, 제자훈련, 전도와 선교를 약화시키는 것이 아니냐? Doing만 있고, Being이 없다. 교회가 사회봉사 기관, NGO 단체는 아니지 않는가? 이런 비판이 많습니다. 이 부분에 대해서 안민호 목사님께서 답변해 주시면 좋겠습니다.

안민호 목사

저는 이론적이기보다는 현장 중심의 토론을 했으면 좋겠고, 맞고 틀리고의 이야기가 아니라는 것을 감안하고 들어주셨으면 합니다. 저희는 카페형 일터 중심의 선교적 교회를 하고 있습니다. 카페 교회가 굉장히 붐이 일었다가 빨리 쇠퇴한 부정적인 이야기가 많습니다.

왜 그러냐면, 많은 개척자들이 카페를 시작하는 이유에 대해서 접촉점을 이야기하지만 실제로 그렇지가 않습니다. 다들 카페 교회를 하는 이유가 '돈' 때문입니다. 카페가 재정적인 후원을 해 줄 것이라고 생각합니다. 그러나 저는 그것을 포기하라고 말합니다. 카페가 잘 되면 당연히 좋고, 선교적으로 활용하면 더 좋지만, 그것이 일차적인 목표가 되면 선교적으로 운영이 될 수 없습니다.

제일 먼저 우선해야 할 것은 선교적 교회는 목적이 무엇인지를 분명해야 합니다. 내 삶의 도구로 사용할 때도 진짜 선교적으로 사용할 수 있어야 합니다. 교회론적으로 볼 때 교회는 공동체입니다. 두세 사람이 모인 공간도 교회가 될 수 있습니다. 많은 사람들이 구역은 교회가 아니라는 생각이 있습니다. 그것은 교회의 하부 조직이지, 교회는 건물에 가서 예배를 드려야 하는 것이라고 생각합니다. 선교적 교회는 그렇지 않습니다. 두세 사람이 모인 곳이 교회입니다. 저희는 그런 가치로 세워가고 있습니다.

특별히 현대 교회의 가장 큰 문제점은 성도들을 교회 건물 안에 묶어둔다는 것입니다. 꼭 어떤 장소로 가야지만 예수를 만나고, 예배를 드린다는 것은 잘못된 것입니다. 선교적 교회는 어디에 있든지 예수님과 인격적으로 만나면 예배할 수 있다는 것이지요. 실례를 들면, 저희 교회가 선교적 교회로서 예배가 훨씬 많습니다. 저는 전국구로 돌아 다닙니다. 교회를 쪼개서 가는 곳마다 예배를 드리는 것이 중요한지, 일주일에 한 번 모여서 예배 드리는 것이 중요한지를 생각해 봐야 한다는 것입니다.

제자훈련에 대해서 이야기하자면, 저희가 처음에 큐티 모임을 시작하면서 얼마 정도 했는데 1, 2부로 해서 손님을 받지 못했습니다. 그런데 큐티 모임에 참여하면 빵과 커피를 공짜로 드린다고 하니까 사람이 엄청 많았습니다. 그때 실수를 한 것이 무엇이었냐면 불신자가 많이 올 줄 알았는데 주변의 대형교회 성도님들께서 너무 좋다고 자리 차지해서 저희가 딜레마에 빠지게 된 것입니다. 저희가 회의를 했습니다. 일반인들을 못 받으면 어떻게 할 것인가? 그래서 내린 결론은 큰 교회만 작은 교회를 섬길 수 있는 것이 아니라 작은 교회도 큰 교회를 섬길 수 있다는 것입니다. 결국에는 그 분들이 전도를 할 때 다니는 교회가 아닌 카페 교회로 안내해 주셨습니다. 그리고 선교헌금이나 건축헌금도 서포트 해 주셨습니다.

재정적인 부분의 문제가 무엇이냐면, 교회에는 불신자들이 가는 데 부담이 많습니다. 그에 반해 선교적 교회는 불신자들이 대부분이고, 그들과 관계를 맺고, 그들을 신앙인으로 만드는 것이 사역의 주를 이룹니다. 저희 교회가 처음 시작할 때 2010년 8월 16일 섬기던 교회를 사임하고 개척했는데, 저와 사모, 아들까지 셋이서 시작했습니다. 현장에서 믿지 않는 많은 사람들을 만나게 되었습니다. 우리가 전도와 선교를 이야기하는데 교회에서 전도할 때 돈을 얼마나 많이 쓰는지 아시죠? 그런데 효율성의 측면에서 따지자면 돈을 뿌리는 것은 별로 의미가 없습니다. 전도했다는 성취감을 줄 수 있을지 모르지만요. 조크를 하면, 저희는 돈을 받고 전도를 합니다. 저희가 손님에게 커피 한 잔을 드리면 3500원 내면서 감사하다고 합니다. 이것이 결국 무엇이냐면 가치, 관계를 어떻게 변화시켜서 예배로 인도하느냐에 대한 문제입니다.

송창근 목사(사회자)

그 부분에 대해서 현장 목회자의 입장에서 이야기해 주셨는데요. 신학적 입장도 필요하다고 봅니다. 특히 선교적 교회가 보편적이고, 전통적인 교회가 말하는 예배, 제자훈련, 전도가 약하고, 사회 단체나 NGO처럼 Being이 없이 Doing만 있다, 복음이 약화되는 것 같다는 지적에 한국일 교수님께서 신학적 입장에서 균형을 잡아주셨으면 좋겠습니다.

한국일 교수

교회는 모이는 교회와 흩어지는 교회 두 차원의 교회가 균형을 이뤄야 합니다. NGO 활동을 열심히 한다고 해서 사람이 가지고 있는 음욕, 하나님과 사람 사이에서 해결해야 할 죄의 문제를 해결하지 않으면 일반인과 별반 차이가 없습니다. 비슷한 일을 하는 것처럼 보여도 하나님 나라, 즉 하나님과 인간과의 관계 속에서 이야기해야 합니다. 아무리 사람의 복지를 도와줘도 사람의 영적 본질 자체를 돕지 못하면 기독교에서는 치명적입니다. 선교적 교회를 한다고 코이노니아의 회복에 집중하다가 전도를 놓치는 경우도 있습니다. 최성교 목사님의 선교적 교회 책에 보면, 오랫동안 고민을 하면서 우리는 전도를 디아코니아에 연결시키지 않습니다라고 하니까 기분 나빠 하는 학생들이 있더랍니다.

선교적 교회는 관계의 회복이고, 코이노니아를 회복하고, 지역 사회와 함께 하는 것입니다. 사람을 전도 대상으로만 보는 순간 관계가 깨질 수도 있습니다. 그래서 내린 결론은 디아코니아를 전도와 직접적으로 연결시키지 말자는 것입니다. 코이노니아로 지역 사회를 보면서 살아가지만 전도는 전도적 차원에서 하는 것이 답이다라고 생각했습니다. 내적으로 활성화된 교회가 지역 사회와 더불어 살아갈 수 있는 힘을 얻고, 전도도 당연히 해야 하지만 이것을 디아코니아로 연결시키면 수단이 되어버려서 진정성을 잃어버리게 됩니다. 한국 교회가 지역 사회봉사를 그렇게 많이 해 놓고도 진정성을 잃어버린 이유가 이것 때문입니다. 코이노니아는 코이노니아대로, 디아코니아는 디아코니아대로 하되, 그렇게 평생 다져진 신뢰 조건을 가지고, 전도는 전도의 목적으로 접근해 나가는 것이 한국 교회에 중요합니다. 서구 교회에도 그 과정이 필요합니다.

송창근 목사(사회자)

어려운 부분입니다. 두 가지를 다 하자는 것이 쉽지 않습니다. 한국 교회가 그동안 기존의 지역 사회 선교와 봉사 활동을 해오고 있었는데요. 조주희 목사님의 경우, 40년 된 교회가 그동안 해왔던 지역 사회 봉사의 경험 위에서 선교적 교회를 재조명하여 교회 전체가 새롭게 되었습니다. 기존의 사회 봉사를 해왔던 교회를 선교적 교회로 새롭게 디자인 한 것에 대해서 기존 교회의 입장에서 목사님의 경험을 들려 주시는 것이 굉장히 의미가 있을 것 같습니다.

조주희 목사

두 가지를 전제하고 싶습니다. 먼저 한국 교회가 그동안 이뤄온 지역 사회나 어려운 대상을 향해서 열심히 사랑으로 섬겨왔던 것을 부정해서는 안 됩니다. 그것이 굉장히 중요한 선교적 교회의 토양이 된다는 것입니다. 두 번째는 선교적 교회만이 성경이 말하는 교회론이라고 주장하는 것을 지양해야 합니다. 그동안 한국 교회가 선교와 사회 봉사활동을 많이 해왔음에도 불구하고, 평가를 제대로 받지 못하는 이유에 대해서 생각해 봐야 합니다. 3가지 정도로 생각해 볼 수 있습니다.

첫째는 한국 교회가 사회 복지, 이웃을 돕는 활동을 교회의 본질과 분리시키는 경향을 가지고 있습니다. 이 부분에 대해서 교회가 어느 정도 여력이 있으면 일을 할 수 있지만 어려운 교회는 엄두도 못내는 이야기입니다. 우리가 복음 전도하는 힘 말고 다른 힘을 가질 수 있다면 이웃을 섬기러 가자는 것이 지배적이었던 것 같습니다. 하나님의 사역을 하나님 사랑, 이웃 사랑이라고 하는 예수님께서 알려주신 이중 계명을 분리시키는 경향이 있습니다. 교회가 힘을 가지면 하나님 사랑과 이웃 사랑이 같이 가야 합니다.

둘째는 교회가 이러한 행동을 할 때에 일방적으로 실행하는 경향이 있습니다. 교회가 결정할 때 이웃과 관련 없이, 이웃에게 물어보지 않고, 교회가 일방적으로 결정해서 실행하는 것입니다. 한 가지 예를 들면, 한 교회가 추수감사 주일에 쌀이 많이 모였습니다. 쌀을 어떻게 할까 고민을 하다가 지역 사회 어려운 가정에 쌀을 두 가마씩 나눠드리기로 통 큰 결단을 했습니다. 조를 짜서 일을 하다가 그 집에 쌀만 주면 될까? 우리가 하나님의 일을 하는데, 복을 빌어주는 기도를 하자 해서 쌀을 주면서 복을 빌어드리는 기도를 했습니다. 그날 저녁에 목사님 사택에 사람들이 경운기를 타고 와서 쌀 4가마를 집어 던집니다. 그중에 약간 취한 분이 하신 말씀이 "누가 니들 맘대로 우리를 이렇게 비참하게 만드냐? 우리가 도와달라고 한 적이 있냐? 우리는 예수도 안 믿는데, 쌀 2가마로 종교 행위를 하는 것이냐?"라고 했답니다. 섬기면서도 굉장히 일방적으로 한 것이지요. 받는 분들은 사랑이라고 생각하지 않는데, 우리는 사랑이라고 이야기하면서 실천하는 경향이 강한 것입니다.

셋째는 교회 성장의 방편으로 사용하는 경향이 강해서 마치 미끼를 던지는 것과 같은 느낌을 사회가 받아온 것입니다. 그런 면에서 변화가 필요하다고 생각합니다. 교회가 복음을 전하는 것도 본질이지만 이웃이 아프고 울고 있을 때, 무언가 필요로 하고 있을 때 그들에게 다가가서 채워주는 것만으로도 하나님께서 우리에게 명령하신 존재의 본질을 전달하고 있는 것입니다. 지역 사회를 교회 본질 안으로 끌어들여야 하는 신앙적인 전환 작업이 필요합니다. 사랑이라는 이름으로 교회가 일방적으로 하는 것은 많은 한계를 가진다고 봅니다.

이제는 대한민국뿐 아니라 세계의 많은 나라들이 정부와 주민들이 함께 시민 사회의 문제를 해결하자는 운동을 하고 있습니다. 지금은 한국 교회가 새로움의 옷을 입을 수 있는 절호의 찬스라고 생각됩니다. 마을 목회, 마을 운동 이야기하셨지만 아직은 블루오션으로 남아 있구요. 이제는 교회가 지역 안에 중요한 의미를 가진 커뮤니티의 일원으로서 다른 사람이나 기관들과 어울려서 함께 삶의 문제를 해결해 나가는 것이 설득력이 있습니다. 그렇게 교회와 대한민국 사회가 함께 동등한 자리에서 만날 수 있는 것이 중요하다고 생각합니다.

송창근 목사(사회자)

조주희 목사님께서 말씀해 주신 부분에 대해 주의를 기울여야 할 듯합니다. 교회가 이웃을 위한 활동에 일방적으로 참여해서는 안 된다는 말이 예언적으로 들립니다. 이제는 목회자와 교회가 성도들과 함께 참여하고, 주민들은 물론 지자체와 협력해야 한다는 것은 대세가 된 것 같습니다. 그런데 교회 안에서 말씀 전하고, 사역하는 일만 해 온 목회자들에게 이런 것이 쉽지 않습니다. 그 부분에서 박홍래 목사님만큼 발버둥 쳐 오신 분이 많지 않습니다. 목사나 교회가 일방적으로 하는 것이 아니라 지역의 이웃들이나 지자체와 함께 협력하려면 어떤 부분이 준비되어야 하는지 이야기를 해 주셨으면 합니다.

박홍래 목사

제가 마을 목회를 시작하면서 처음 한 일이 무엇이냐면, 교회 사무실에서 나오는 것입니다. 나오고 나서 무엇을 하냐면 동네를 돌아

다닌 것입니다. 사람들을 만나는 것인데 제일 중요한 사람들이 통장님들입니다. 통장님은 아무 집이나 들어갈 수 있는 권한이 있습니다. "통장이요." 하고 들어갑니다. 우리 교회에서 있었던 몇 가지 일을 말씀드리겠습니다. 어떻게 동네 사람들과 같이 움직일 수 있냐 하면, 제가 앞에서 강의로 나눈 것처럼 사역 공동체 이름이 '겨자씨 커뮤니티'입니다. 일단 교회의 이름으로 계획을 짜면 종교 단체이기 때문에 정부에서 지원을 해주지 않습니다. 단체를 만들 때 회원이 15명이 필요한데, 5명은 우리 교회 성도고, 10명은 동네 사람으로 채웠습니다. 무슨 말이냐 하면, 겨자씨 커뮤니티를 교회에서 시작했지만 동네 사람들과 함께 만들어서 같이 움직이는 것입니다. 회의도 같이 하고, 계획도 같이 짜는 것입니다. 진행된 것을 보면, 올해는 마을 미디어 교육을 7번 했고, 다음 계획은 9월 달에 또 만들어 나가는데, 이때 참석하는 분들이 총 10명인데, 교회 성도 3명, 7명은 동네 사람입니다. 신자나 불신자나 커뮤니티에 아무도 거리낌 없이 드나들 수 있어야 합니다. 그때는 절대 복음을 전하지 않습니다. 어려워 보일 때 "기도해 줄까요?" 하면 기도해 달라고 합니다. 때가 되면, 차근차근 말해 줄 기회가 옵니다. 상대가 허락하는 만큼 조금씩 들어가면 됩니다. 그러다가 속에 있는 말들이 나옵니다. 처음부터 접근해서는 안 됩니다.

이렇게 만든 후에 교회에서 마을 대항을 열었습니다. 마을 대항이 무엇이냐면, 마을 만들기 지원 센터에서 와서 교회 성도들과 동네 사람들을 모아서 6-10주 동안 마을이 무엇이냐? 동네를 어떻게 섬기느냐? 어떻게 공동체를 만드느냐? 이런 부분들을 계속 회의를 하면서 가르쳐줍니다. 공짜이고, 관심있는 사람만 오라고 합니다. 공동체가 무엇이며, 한국 사회에 마을이 어떻게 무너졌는가에 대해 다시 세워야 할 방법을 이야기 해 줍니다. 조주희 목사님께서 지혜롭게 14개월 동안 컨설팅해서 했듯이 우리도 1층을 동네 사람들을 위한 카페를 만들었습니다. 카페를 만드는 예산이 2,000만 원 드는데, 마을 만들기 지원센터에서 지원을 해주었습니다. 동네를 위해 커뮤니티 공간을 내어줄테니까 하자고 하니까, 그러면 '동네 사람들을 위한 마을 디자인 대학을 여십시오'라고 이야기했습니다. 마을 디자인 대학이 무엇이냐면, 건축학과 교수가 와서 이 공간을 동네 사람들에게 필요에 따라 어떻게 디자인을 해서 설계를 할 것인지 공간에 대한 이해부터 몇 주 동안 가르침을 받는 것입니다. 이렇게 해서 그대로 진행했고, 재정도 지원 받았습니다. 그런 과정을 통해 마을 사람들과 함께 의논하면서 이 공간을 누구를 위해서 쓸 것이며, 마을 사람들을 위해서 어떻게 활용하는지 많이 이해할 수 있었습니다.

또 한 가지 지금도 계속 되고 있는 부분 중 하나가 꿈의 학교입니다. 혹시 경기도에서 오신 분들 계신가요? 경기도 교육청에서 하는 중요한 사역이 꿈의 학교입니다. 교육감님이 재작년부터 꿈의 학교를 오픈했는데 초, 중, 고등학생을 대상으로 50시간을 1년 동안 프로그램을 만들어서 진행을 하면, 약 2,000만 원의 정부 보조 지원금을 줍니다. 그 돈을 가지고 우리 교회에서 작년에는 교회 학교 애들을 중심으로 각종 사역을 했습니다. 올해는 20명의 아이들이 일주일에

한 번씩 계속 오는데 반은 우리 교회 아이들이고, 반은 동네 주민의 아이들입니다. 교회 다니지 않는 동네 주민인 엄마를 보조 교사를 쓰고 있습니다. 같이 일을 합니다. 그들이 교회 건물에 와서 교회 일을 하는 것이 아닌데도 불구하고, 관계가 되니까 여름 성경학교까지 도와 주었습니다. 성도들을 교육 시키면서 동네 주민들과 함께 접촉시켜 나가는 좋은 예라고 할 수 있을 것입니다.

송창근 목사(사회자)

지역 사회와 소통하는 부분에 대해 본인의 경험을 이야기해 주셔서 좋습니다. 조주희 목사님께 여쭈어보고 싶습니다. 토론이 막바지로 가고 있는데요. 기존의 다양한 사역을 해왔던 기성 교회가 안정적으로 선교적 교회로 전환하는데, 철학과 체계와 방향이 어떠해야 하는지 모델들이 많지 않습니다. 박홍래 목사님의 경우 접촉점과 소통을 강조하셨습니다. 조주희 목사님께서는 기존 교회가 선교적 교회로 전환하고, 업그레이드 할 때 준비해야 할 부분이 있다면 무엇이 필요한지 말씀해 주시면 좋겠습니다.

조주희 목사

어떤 과정을 거쳤는가가 중요합니다. 목회자 자신의 이야기에서 거치는 것이 아니라 교회의 이야기로 풀어지도록 만들어가는 과정이 필요합니다. 이 부분을 목회자들이 무시하고 있다고 생각됩니다. 목회자가 착각할 수 있는 것이 자신이 가진 생각을 교회 전체가 가지고 있다고 생각해서는 안 됩니다. 그것을 전달하는 디테일한 전략이 필요합니다. 저희가 중요하게 사역했던 포인트는 교회의 오피니언 리더들이 선교적 교회론에 대해 얼마나 이해를 하게 만드느냐입니다. 전체 교인들부터가 아니라, 장로님들이 처음 교육 대상이고, 2차적으로 장로님을 포함한 항존직 직분자이고, 그 다음에 교회 전체를 교육 대상으로 삼았습니다. 이런 과정을 통해서 장로님들이 선교적 교회론을 선점하게 되는 결과를 낳았고, 목회자가 성도들을 설득하고, 이해시키려는 것보다 장로님들과 항존 직분자들이 교인들을 이해시키고 설득시키는 과정으로 만드는 것이 중요합니다. 장로님들은 똑같은 교육 내용을 3번을 받았습니다. 이렇게 하여 그 동안에 가지고 있던 교회의 질서가 흔들리지 않는 상태에서 함께 소통하고, 이해를 하는 상황에서 끌고 가는 것이 중요했다고 봅니다.

두 번째로 작은 성공을 이루라고 말하고 싶습니다. 교회가 무턱대고 전면적으로 선교적 교회를 도입하거나 사역을 크게 일으키는 경우가 있습니다. 이렇게 해서는 큰 교회도 굉장히 어려움에 처할 수 있습니다. 어떤 점이 어렵냐 하면, 변화라는 것이 그것 자체로 부담을 가질 수밖에 없습니다. 교회가 작은 프로그램을 운영하면서 우리나 지역도 보람을 느끼고, 열매를 맛보게 하면서 격려하는 것이 중요합니다. 그런데 전체 과정에서 목회자에게는 신학적인 부분이 하나 더 있어야 합니다. 목회자들은 이 부분이 제일 어렵습니다. 왜냐하면 하나님이 이 세상의 주인이시라는 것을 신학적으로 인정할 수는 있겠지만 실제적으로 세상 안에서 인정하기가 쉽지 않다는 것입니다.

한국 교회는 그동안 세상과 대립각을 세우면서 교회를 키워온 경향이 많습니다. 세상을 부정적으로 바라보게 하는 교육을 끊임없이 해왔습니다. 목회자들이 그런 생각을 바꾸기가 의외로 쉽지 않습니다. 더군다나 선교적 교회로 전환하려면 목회자에게 있어야 할 감각이 교회를 위한 자원을 교회 안에 주신 것이 아니라 온 세상에 하나님께서 충만하도록 자원을 주셨다는 것을 믿어야 합니다. 그런데 어떤 면에서 그것을 가장 모르는 공동체가 바로 교회라고 생각이 듭니다. 목회자가 내적으로 신학적, 목회 철학적인 점검을 하고, 그 기조를 유지하면서 세상에는 실제적이고, 전략적인 접근이 필요합니다. 거기에는 사회 과학자나 경영학자들의 도움을 받을 필요가 있습니다.

송창근 목사(사회자)

기존 교회가 선교적 교회로 전환되는 데 세상과 소통하는 경험, 변화에 대한 전략을 단계적으로 가져가는 부분 등 굉장히 중요한 것을 말씀해 주셨습니다. 이제는 토론의 방향을 조금 바꾸어서 새로운 교회, 즉 New Church 입장에서 토론해 보도록 하겠습니다. 오동섭 목사님께 묻고 싶은데요. 기존 교회가 선교적 교회로 전환하는 데 필요한 것과 달리 새로운 교회는 처음부터 선교적 교회의 패러다임을 가지고 시작합니다. 새로운 교회들이 선교적 교회를 하는 데 부딪히는 어려움이 무엇이고, 또 어떻게 극복해 오셨는지 이야기 해주셨으면 합니다.

오동섭 목사

흔히 개척할 때 말하는 맨 땅에 헤딩 할 수밖에 없는 것입니다. 사실상 새로운 교회로 선교적 교회를 시작하는 목회자들도 대부분 기존 교회에서 목회적 훈련을 받았습니다. 그런데 새로운 교회 스타일로 선교적 교회를 시작하려고 할 때 서구 교회의 모델은 많지만 아직 한국에는 따라갈 모델이 거의 없다는 것입니다. 그러다보니 과거에 교회 개척하면 30, 50, 100명 성장하기 위해서 어떤 플랜을 짜야 되고, 부흥회, 전도 잔치는 어떻게 해야 된다. 이런 게 있었는데 선교적 교회는 과거 기존 교회에서 했던 그런 방법으로 할 수가 없기 때문에 한번도 가보지 않은 길을 선택해야 한다는 것이 가장 큰 어려움 중에 하나입니다.

저도 대학로에서 교회를 시작했는데요. 선교적 교회를 구체적으로 어떻게 해야 하는지 가르쳐 주는 사람이 없었고, 잘했는지 잘못했는지 평가하고, 책임져 줄 수 있는 사람이 없기 때문에 그것이 가장 힘듭니다. 그것이 방법론의 문제구요. 또 하나의 문제는 재정적인 뒷받침의 문제입니다. 그리고 안 쓰던 근육을 써야 하는 것이 제일 어렵습니다. 저는 개인적으로 중대형 교회에서 주로 사역했기 때문에 사이즈가 크고, 숫자가 많은 상황에서 훈련하고, 양육하는 것이 제 몸의 DNA처럼 익숙합니다. 제 스스로가 중대형 교회를 운영하고, 이끌어가는 시스템에 익숙하기 때문에 개척하고 적어도 3년 동안은 나에게 형성되어 있는 근육들을 안 쓰는 것 자체가 하나의 유혹입니다.

몸에 발달되어 있는 익숙한 근육들은 쓰지 않고, 전혀 훈련되지 않은 새로운 근육으로 선교적 교회를 만들어 나가야 한다는 사실이 저에게도 참 힘든 과정이었습니다. 개척자의 정신으로 인내하고, 균형을 가지고, 연대하면서 나가는 것이 중요합니다. 작은 교회, 신생 교회들은 혼자 있으면 너무 외롭습니다. 제가 그런 힘든 과정을 이겨내고 선교적 교회를 할 수 있었던 원동력은 비슷한 길을 가는 분들과 함께 모여서 자신의 어려움을 고백하고, 동병상련의 입장에서 함께 격려하고, 도와 주었기 때문입니다. 또 한 가지 신생 교회들이 선교적 교회로 가는 부분에 대해서 말한다면, 신생 교회들은 기존 교회들보다 사회 한가운데서 시작하기 때문에 기존 교회에서 만날 수 없는 성소수자들이나 안티 기독교인처럼 정말 다양한 사람들을 만나게 됩니다. 그들을 환대하고, 신앙으로 인도하는 것은 차원이 다른 영성과 인격의 훈련이 있어야 합니다. 선교적 교회를 진행하면서 자칫 프로그램, 전략, 방향, 모델 이런 것에만 주의를 기울이기 쉬운데 교회는 결국 사람입니다. 세상에서 버려지고, 희망을 잃은 사람들을 하나님의 사랑으로 깊이 끌어안고, 회복시키기 위해서 목회자 자신이 준비될 수 있는 보다 깊은 영성 훈련이 필요합니다. 이것이 되어야 세상에서 강도 만난 어떠한 사람도 품을 수 있습니다.

송창근 목사(사회자)

기존 교회는 선교적 교회로 가는 데 시간과 통찰력이 필요하지만, 신생 교회는 개척자의 멘탈과 영성 훈련이 필요하다는 말씀을 해주셨습니다. 아마 안민호 목사님께서도 오 목사님과 동병상련일 것 같은데 비슷한 것들을 많이 겪으셨을 것 같습니다. 안민호 목사님도 새로운 교회를 하면서 개척자의 비전을 가지고 몸부림치실 때에 어떻게 어려움을 극복하셨는지 말씀해 주시구요. 또 하나는 선교적 교회는 연대가 중요한데 신생 교회의 입장에서 기존 교회에 부탁하고 싶은 부분이 있다면 이야기해 주시면 감사하겠습니다.

안민호 목사

처음에 교회를 개척했을 때 오 목사님께서 말씀하신 것처럼 정말 쉽지 않았던 것 같습니다. 날마다 저희는 새로운 길을 가야 하기 때문에 그것이 가장 큰 스트레스였습니다. 물론, 이제는 오히려 그것을 즐길 수 있게 되었지만요. 저 자신만 봐도 목회자들이 믿음이 없는 것 같습니다. 정말 하나님 말씀대로 간다고 한다면 세상이 말하는 성공이냐 아니냐를 떠나서 하나님께서 목회자와 공동체에게 주신 것이 분명히 있는데 그 확신을 가지는 데 시간이 좀 필요합니다. 저희의 경우에 우선 할 수 있는 것을 하자는 것이었습니다. 일단 커피숍으로 봉사를 할 수 있었기 때문에 그것을 통해 봉사하면서 다양한 단체들이나 모임과 MOU를 체결할 수 있었고, 예배를 드리기도 좋았습니다. 그것이 결국 후원과 교회까지 세울 수 있는 확장의 계기가 되었습니다. 제 생각은 남의 것을 따라하지 말고, 나에게 주신 은사, 즉 내가 할 수 있는 것 한 가지를 끝까지 밀고 나가자는 것입니다. 그리고 조금씩 계속 나가다보면 길이 열립니다.

교회는 건물이 아닌데 개척하고 나면, 교회는 건물이라고 합니다. 저희는 12평에서 시작을 했는데 그때는 괜찮았는데, 숫자가 조금씩 늘어가니까 두 칸을 넓히다 보니 월세가 400만 원이 되었습니다. 지금의 문제는 건물을 사는 것입니다. 흔히 3B라고 하는데, Building, Budget, Baptism, 목사님들이 흔히 이야기하는 좋은 교회로 성장하는 조건이라고 하죠. 기존 교회가 가지고 있는 장점이기도 합니다. 외국 같은 경우는 교회 건물을 여러 교회가 렌트해서 동시에 사용하는 것이 일반적인 일입니다. 그런데 한국의 어떤 교단들은 거리 제한을 두고, 허가를 해주지 않습니다. 교회의 많은 공간들이 놀고 있음에도 불구하고, 개척자들은 예배 공간이 없어서 예배를 드리지 못합니다. 기존 교회에 개척 교회들과 공간 쉐어링을 하자고 제안을 하지만 받아 들여지지 않고, 허가도 안 해주는 교단들이 있기 때문에 답답하기만 합니다. 그러니 교회를 사야 된다고 말하는 것입니다.

두 번째는 돈을 제게 주지 말고, 사역자를 주라는 것인데요. 부교역자를 지원해 달라는 것입니다. 그러면 그 선교가 큰 힘이 된다는 것입니다. 저는 사례를 못 받아도 사역자를 세웠습니다. 사역자를 제일 많이 세운 때가 6명인데, 그러니까 일이 되는 것입니다. 일은 사람이 하는데 개척교회는 사람을 세울 수 있는 돈이 없습니다. 큰 교회가 그런 부분들을 선교의 관점에서 서포트 해 주고, 함께 가는 공동체 의식을 가진다면 놀라운 변화가 일어나지 않을까 생각합니다.

송창근 목사(사회자)

오 목사님, 안 목사님 두 분이 새로운 교회가 선교적 교회로 가는 부분에 대해서 아무도 가지 않는 길을 가야 하는 것에 대한 개척자의 멘탈이 있어야 한다는 이야기를 해주셨습니다. 신생 교회가 선교적 교회로 가는 길이 참 쉽지 않은 것 같습니다. 간혹 젊은 사역자들이 볼 때 새로운 교회가 멋지게 보일지 몰라도 먼저 이 길을 가보신 분들의 이야기를 들으면서 내가 과연 이 길에 합당한 사람인지 관찰해보고, 주변 사람들의 평가를 들어보는 것도 중요하다고 생각합니다. 또 기존 교회들이 연대와 선교의 정신을 살려서 신생 교회들과 공간을 쉐어하고, 사역자를 지원해 주는 아름다운 일들이 더 많아졌으면 좋겠습니다.

마지막 질문은 박홍래 목사님께서 답변해 주시면 좋겠습니다. 목회자들이 선교적 교회에 관심을 가지고 컨퍼런스, 세미나를 듣고 오면, 곧바로 카페, 도서관을 짓자고 합니다. 아까 조주희 목사님께서 그렇게 일방적으로 실행하는 것이 위험하다는 말씀을 해주셨는데요. 목회자의 패러다임, 인격, 리더십이 선교적 패러다임으로 바뀌지 않은 체 외형, 즉 모델만 따라간다는 것이죠. 그 부분에 대해서 선배 목회자의 입장에서 후배들을 위해 목회적 조언을 부탁드립니다.

박홍래 목사

혹시 여러분들 중에서 『레미제라블』을 다 읽어보신 분이 계신가요? 『레미제라블』이 한국말로 번역된 것이 1,500페이지 정도 됩니다. 1,500 페이지 중에 앞에 있는 내용이 신부가 그 지역에서 어떤 목회를 했는지 자세히 설명 합니다. 자신의 1년 수입이 얼마고, 그것을 어떻게 썼는지에 대해서도 이야기를 합니다. 선교적 교회라는 말을 많이 하지만, 저는 또 다시 그 책을 읽습니다. 왜냐하면 고전을 읽지 않으면 기반이 안되기 때문입니다. 『천로역정』 좋아하시죠? 『천로역정』은 1, 2부로 되어 있습니다. 크리스천이 십자가 앞에서 짐을 내려놓을 때가 천로역정 책에 몇 페이지에 나오는지 아십니까? 40% 되는 즈음에서 이야기하고, 60%가 걱정, 근심, 좌절, 절망을 겪는 이야기입니다.

제가 읽고 있는 책이 『도시란 무엇인가?』입니다. 그런 책을 보면서 세상이 어떻게 돌아가고, 세상이 돌아갈 때 선교적으로 어떻게 접근해야 하는지에 대해 차근차근 준비해 갑니다. 제 나이가 63세입니다. 책을 읽지 않으면 바보가 되는 것 같습니다. 리더십이 무엇입니까? 남의 이야기를 듣는 것입니다. 그런데 목회자들은 남이 이야기를 하면 이야기를 끊고, 곧바로 답을 말합니다. 선교적 목회는 1시간을 들어주고, 10분 대답할 시간이 주어지는 목회입니다. 선교적 사역을 하더라도 아까 말씀 드린 대로 대화와 교제가 필요합니다. 선교적 리더십을 발휘하기 위해서는 어떤 문제든지 간에 혼자 결정하지 말고, 토론해서 결정하라는 것입니다. 교회 안의 행사들도 토론하고, 이야기를 해서 결정하라는 것입니다. 그렇게 하지 않으면, 다른 사람의 의견과 전혀 동떨어진 일방적인 폭력이 될 뿐 아니라 교회 밖에서 '목사냐? 교회냐?'라는 질문을 받게 됩니다. 동네 사람 많이 만나시고, 그러려면 그들이 있는 곳에 나도 가야 합니다. 술집에 가서

술을 마시라는 것이 아니라 동네 사람들을 많이 만나서 많이 들으라는 것입니다.

송창근 목사(사회자)

게스트들의 토론을 여기서 마무리를 하고, 실제적인 이야기를 하는 것으로 마무리 지으려고 합니다. 질문을 받겠습니다.

질문자(신학생)

저는 여성 선교사들에 대해서 논문을 쓰고 있는데요. 선교의 역사를 보면 여성 선교사들을 통해서 교회가 많이 세워졌는데, 오늘 이야기 나온 부분들을 통해서 '선교적 교회에서 여성은 어디 설 수 있을까?'에 대한 생각을 하게 되었습니다.

답변(오동섭 목사)

신생 교회로서 선교적 교회를 시작할 때 여성 리더십이 중요하다고 생각합니다. 저보다 제 아내가 선교적인 사역에 있어서 큰 역할을 하고 있습니다. 기존 교회의 사모처럼 남편의 목회를 돕는 차원을 넘어서 선교적 교회의 파트너로 같이 고민하고, 공유하면서 본인의 사역을 개발해 나가고 있습니다. 뿐만 아니라 극단계(?)의 대표가 여성 목사님이십니다. 많은 여성 사역자들이 함께 하고 있습니다. 선교적 교회에서는 여성의 역할이 더욱 중요해 보입니다.

Part_1
Challenge

1부

발제

현장 목회자의 도전

기조강연 황병배 교수(한국선교신학회 회장)

황병배 교수는 감리교신학대학교(B.A.)와 연세대학교(B.A.)를 거쳐, 연세대학교 연합신학대학원(Th.M.)과 미국 애즈베리 신학대학원(M.Div./Ph.D.)을 졸업하였다. 군목으로 사역하였고, 현재 한국선교신학회 회장, 한국 교회선교연구소 소장, 협성대학교 신학대학 교수로 봉직하고 있다.

한국적 선교적 교회의 자리매김

-선교적 교회의 7 핵심요소를 중심으로[1]-

I. 들어가는 말

선교적 교회에 대한 담론은 1970년대 레슬리 뉴비긴(Lesslie Newbigin)을 중심으로 시작되어, 그의 영향을 받은 일단의 북미 신학자들을 통해 지금까지 전 세계 교회에 큰 영향을 미쳐왔다.[2] 한국에서도 2천년대에 들어오면서 선교신학자들을 중심으로 선교적 교

1 본 논문은 필자의 다음 논문을 기반으로 본 포럼을 위해 수정, 보완된 내용임을 밝힌다. 황병배, "한국의 선교적 교회들로부터 얻는 선교적 통찰: 선교적 교회의 일곱 기둥들," 「선교신학」 제47집 (2017): 379-411.

2 Lesslie Newbigin의 선교적 교회이해를 세계적인 담론으로 확장시킨 선구자들은 Lois Barrett, Inagrace Dietterich, Darrell Guder, George Hunsburger, Alan Roxburgh, Craig Van Gelder로 특히 그들이 집필한 *Missional Church*(1998)가 선교적 교회에 대한 담론의 확산에 크게 공헌했다.

회에 대한 담론이 빠르게 확산되어 이와 관련된 논의가 상당히 진전된 상황이다. 그러나 지금까지 한국 교회 안에서 진행되어 온 선교적 교회에 대한 담론은 주로 신학적이고 이론적인 영역에 집중되어 왔다. 이제 한국 교회에 필요한 것은 이러한 선교적 교회론이 한국적 상황에서 실제로 어떻게 적용되고 실천되고 있는지에 대한 탐구와 이를 통해 더 많은 한국 교회들이 한국적 상황에 적합한 토착적인 선교적 교회를 세워갈 수 있도록 돕는 일일 것이다. 이번 한국선교신학회와 세뛰새KOREA의 공동포럼 주제가 "한국적 선교적 교회의 자리매김"인 것도 이런 맥락에서이다. 필자는 먼저 한국에서 선교적 교회에 대한 담론이 빠르게 확산되고 있는 이유들에 대해서 서술하고, 한국적 상황 속에서 선교적 교회를 구현하는 교회들이 공통적으로 가지고 있는 핵심 요소들이 무엇인지를 정리하고자 한다. 이것은 한국 기독교인들에게 선교적 교회에 대한 더 구체적인 그림을 제공할 것이며, 세계 기독교인들에게는 한국의 선교적 교회에 대하여 더 깊이 이해하도록 도울 것이다.

II. 한국에서의 선교적 교회 담론의 확산

2천 년대에 들어서면서 한국 교회 안에서 선교적 교회에 담론이 빠르게 확산되었다. 몇 가지 이유들을 들 수 있는데 첫째, 한국 교회의 심각한 정체와 쇠퇴이다. 한국 교회는 1980년대까지 빠르게 성장하였다. 전 세계적으로도 찾아보기 힘들 정도의 빠른 성장이었다. 그러나 한국 교회의 가파른 양적 성장은 1990년대에 들어서면서 주춤하더니 2천 년대 초부터는 본격적으로 정체와 감소의 현상이 나타나기 시작했다.[3] 이러한 상황에서 한국 교회는 교회성장이론과 자연적 교회성장이론의 한계를 극복하고 교회의 본질적인 문제에 더 큰 관심을 갖게 되었다. 즉 '어떻게 해야 교회가 성장할 수 있는가?'보다는 '교회의 본질은 무엇이고 교회는 세상에서 무엇으로 존재해야 하는가?'에 더 집중하게 된 것이다. 마침 전 세계적으로 확산되고 있던 선교적 교회에 대한 담론이 한국선교신학자들을 통해 한국 교회에 소개되면서 한국 교회 목회자들의 큰 관심을 불러 일으켰다.

둘째, 교회의 세속화이다. 이것은 한국 교회의 신뢰도 추락[4]과 교인수 감소와 깊은 관계가 있다. 한국 교회는 선교 초기부터 사회개혁의 중심에 서 있었다. 일제강점기와 한국전쟁 이후 독재정권의 치하에서도 한국 교회는 핍박받는 자들과 소외당하는 자들과 함께 하려고 노력했다. 그러나 1970년대 빠른 경제성장과 함께 한국사회에 팽배해진 물질만능주의(mammonism)를 한국 교회가 제대로 비판하지 못했다. 오히려 그러한 물질만능주의가 교회 안으로까지 침투해 들어오는 것을 방치했다. 그 결과 교회의 세속화가 가속화 되었고,

3 최윤식, 『2020-2040 한국 교회 미래지도』 (서울: 생명의 말씀사, 2013), 39. 미래학자 최윤식은 2050~60년경에 가면 한국 교회 교인수가 약 400만 명으로 감소할 수 있다고 경고한다. 강병오, "한국개신교의 사회적 신뢰 실추 원인과 대책," 「신학과 선교」 제41권 (2012): 63.

4 http://blog.naver.com/ujmiso/220996185305. 기독교윤리실천운동, 「2013년 한국 교회의 사회적 신뢰도 여론조사 결과 자료집」 (2014): 16.

교회들은 점점 더 크고 화려한 외형을 갖추어 갔지만, 사회로부터의 신뢰도와 대 사회적 영향력은 크게 감소되었고 젊은 세대를 중심으로 반기독교적 정서가 빠르게 확산되었다.[5] 이것을 어떻게 극복할 것인가에 대한 질문이 선교적 교회론에 대한 관심으로 발전하게 된 것이다. 물론 선교적 교회론이 과거 교회성장이론이나 자연적 교회성장이론을 대체하는 것은 아니지만, 분명히 이전의 교회성장학과 자연적 교회성장학의 한계를 극복하고자 하는 노력임에는 틀림없다.[6]

셋째, 교회의 양극화 현상이다. 통계에 의하면, 전체 한국 교회에서 미자립 교회의 비율이 약60%에 이른다.[7] 재정적으로 자립했으나 겨우 현상유지만 하는 도시 교회들도 상당히 많으며 대부분의 농촌 교회들은 미자립 교회이거나 작은 교회들이다. 최근에는 교인들이 소형교회에서 대형교회로 이동하는 현상이 더욱 두드러지고 있다. 대형교회는 시설, 인적자원, 재정에서 풍요롭지만, 소형교회는 모든 면에서 열악한 환경에 놓여 있다. 이것은 한국 교회들간의 빈익빈부익부(貧益貧富益富) 현상을 보여주고 있는 것이다.[8] 특히 한국 교회는 개교회주의가 강하다. 내 교회만 성장하면 된다는 사고가 오랫동

5 김승호, "한국 교회 성장 정체성 원인분석과 대책에 관한 연구," 「개혁논총」 제19권 (2011): 223-228. 남태욱, "21세기 한국 교회 갱신을 위한 윤리적 과제: 2008 한국 교회의 사회적 신뢰도 여론조사를 중심으로," 「성경과 신학」 제53권 (2010): 178.

6 이후천, "선교적 교회론과 한국 교회 선교," 「선교신학」 제43집 (2016): 145.

7 신호균, "한국 교회의 양극화 현실과 실천적인 해소방안에 관한 탐색적 접근," 「로고스경영연구」 제5권 (2007): 7.

8 앞의 글, 7-17. 유광석, Danial Connolly, 김원기,"한국 대형교회의 '사사화'에 관한 재해석: 새로운 패러다임의 관점에서," 「종교와 문화」 제28호 (2015): 63-64.

안 한국 교회를 지배해 왔다. 이러한 개교회주의는 개체 교회의 양적인 성장에는 공헌했을지 모르나, 개체 교회들 간의 협력과 연합은 상대적으로 약화시켰다. 또한 한국 교회의 양극화 현상은 한국 교회의 작은 교회들과 그 목회자들에게 패배의식과 열등감을 불러 일으켰을 뿐 아니라 대형교회와 소형교회 간의 연합을 방해하는 요인으로 작용해 왔다. 선교적 교회론의 중심에는 하나님의 나라(Kingdom of God)와 하나님의 선교(Missio Dei) 신학이 자리잡고 있다. 이 관점에서 보면, 교회는 하나님 나라를 위해서 존재하는 것이지 하나님 나라가 교회를 위해서 존재하는 것이 아니다. 선교의 중심에도 교회가 있는 것이 아니라 하나님이 있는 것이다. 즉, 선교의 주체는 교회가 아니라 하나님이며, 하나님 선교의 목표는 하나님의 나라(통치)이다. 이러한 하나님의 나라와 하나님의 선교신학이 개교회성장주의에 빠져 더 큰 하나님의 선교에 참여하지 못하는 한국 교회들에게 도전이 되었다고 할 수 있다.

넷째, 한국 교회의 게토(ghetto)화이다. 한국 교회는 80년대 이후 한국사회로부터 지역사회 안에 있으면서도 지역사회의 문제와 필요와 요구를 외면한 채 자기들만의 이익을 추구하는 '이익집단'이라는 비판을 받아왔다.[9] 교회가 개인의 영혼구원과 교회 개척 및 확장에만 몰두하고 지역사회의 문제들은 외면하는 것으로 비춰져 왔다. 그래서 불신자들 중에는 "예수는 좋지만 교회는 싫다"라든지 "한국의 지

---

9 남태욱, "21세기 한국 교회 갱신을 위한 윤리적 과제: 2008 한국 교회의 사회적 신뢰도 여론조사를 중심으로," 「성경과 신학」 제53권 (2010): 180-181.

역교회는 지역사회에 전도는 하지만 지역사회에는 관심이 없다"는 말을 공공연히 할 정도가 되었다.[10] 그리고 이것은 교회에 대한 신뢰도를 떨어뜨리고 반 기독교적 정서를 더욱 강화시키는 악순환을 불러왔고 교회가 지역사회로부터 더욱 고립되고 단절되는 결과를 초래했다. 반면에 선교적 교회는 자신을 하나님이 세상으로 보내신 파송 공동체로 이해한다. 여기서 세상이란 타문화권만이 아니라 지역교회가 서 있는 지역사회를 의미한다. 그러므로 선교적 교회론에서는 지역사회가 매우 중요한 선교지이며 지역사회에 대한 연구는 필수적이다. 이를 근거로 선교적 교회는 지역사회와 긴밀하게 소통하며 지역사회의 총체적인 필요를 통전적인 복음으로 응답하려고 노력하는 것이다. 이러한 선교적 교회론의 일면이 지역사회와의 단절을 극복하고 더 긴밀히 소통하고자 하는 한국 교회에 크게 어필했다고 하겠다.[11]

---

10 한국일, "선교적 교회의 실천적 모델과 원리," 「선교신학」 제36집 (2014): 359.

11 한국일은 한국적 상황에서 선교적 교회에 대한 논의가 한국 교회에 주는 의의를 다음과 같이 열 가지로 정리했다. 첫째, 현재 침체되어 있는 한국의 지역교회들에게 활력을 불어넣을 것이다. 둘째, 지역교회가 지역사회와 새로운 관계를 열 수 있도록 도울 것이다. 셋째, 한국 교회의 신뢰도를 회복시킬 것이다. 넷째, 선교지형에 대한 새로운 이해를 제공할 것이다. 다섯째, 지역교회들이 개교회주의를 극복하고 서로 협력하게 할 것이다. 여섯째, 지역교회들이 더 폭넓고 다양한 선교사역에 참여하도록 도울 것이다. 일곱째, 평신도들이 더 적극적으로 지역사회를 위한 선교에 참여하게 할 것이다. 여덟째, 목회자에게는 선교적 리더십에 대한 통찰을 줄 것이다. 아홉째, 지역사회와 함께 소통하고 지역의 변화에 영향을 미치는 생명력 있는 지역교회가 되게 할 것이다. 열째, 통일 후 북한지역을 복음화하고 지역사회개발에 기여하는 교회 모델을 제공할 것이다. 한국일, "선교적 교회의 실천적 모델과 원리," 「선교신학」 제36집 (2014), 358-362; 이후천도 선교적 교회에 대한 담론이 한국 교회에 기여한 점들을 1)

다섯째, 포스트 코로나(post-corona) 시대의 도전이다. 2020년 초부터 전 세계로 퍼져나간 코로나 바이러스는 인류의 삶 전체를 바꿔 놓았다. COVID 19는 14세기 유럽 전역을 휩쓴 흑사병과 견주어 비교된다. 당시 흑사병으로 인해 유럽인구의 약 3분의 1이 사망했고, 신권(神權)과 종교의 권위는 하락한 반면 노동자들의 위상과 권리는 상대적으로 높아졌다. 영주들의 중세 봉건경제는 몰락했지만 왕권과 정부의 힘은 오히려 강화되었다. 또한 부를 축적한 거대 자본계급의 등장으로 이들의 후원을 받는 인문주의 르네상스가 시작되었다. 페스트가 인류사회에 돌이킬 수 없는 변화를 가져온 것이다.

오늘날 미래학자들은 COVID 19 이후 인류가 사회(Society), 기술(Technology), 환경(Environment), 인구(Population), 정치(Politics), 경제(Economy), 자원(Resources)의 전 영역에서 큰 도전에 직면할 것이라고 예견하고 있는데 실제로 지난 7개월을 돌이켜 볼 때 그것은 현실이 되어가고 있다. 코로나 바이러스 사태 이후 각국의 빗장들이 잠기고, 보호무역주의와 자국중심주의와 전체주의는 더욱 강화되었다. 비대면(untact)과 부동성(immobility) 등, 이전에는 비정상적으로 보였던 일들이 표준이 되는 뉴노멀(new normal)이 지배하는 시대가 되어가고 있다. 지난 7개월 동안 한국 교회 역시 과거 어느 때와 비교할 수 없는 큰 도전을 받았다. 종교집회가 금지되고, 대그

Missio Dei 신학의 통전적 해석, 2) 교회성장론과 건강한 교회론의 대안적 성찰, 3) 지역사회에서 교회의 사명과 역할에 대한 재각성, 4) 국내전도와 해외선교의 이분법적 구별을 극복, 5) 신학교육의 방향성과 콘텐츠에 대한 역사적, 신학적 자기반성의 기회를 제공한 것으로 보았다. 이후천, "선교적 교회론과 한국 교회 선교," 「선교신학」 제43집 (2016): 137-160.

룹 예배는 물론 소그룹 모임도 원천적으로 봉쇄되었다. 성전(聖殿)의 현장성(現場性)이 크게 약화되면서 교회 출석인원이 현저히 떨어졌고 비대면이 일상이 된 지금, 지역교회의 전도활동도 크게 위축되었다. 전멸 수준에 이른 개척교회들이 부지기수이고 교회의 양극화는 더 극명해졌다. 해외선교도 큰 영향을 받고 있다. 한국 교회의 재정악화로 선교사 후원이 갑자기 중단되거나 선교지가 폐쇄되는 사례도 늘어나고 있다. 국가 간 이동이 쉽지 않아 국내에 들어온 선교사들이나 선교지에 남아 있는 선교사들이나 거의 감금 수준에 놓여 있다. 한국 교회와 선교사들의 위기감과 패배의식이 갈수록 팽배해지고 있는 것이 현실이다.

이런 상황에서 한국 교회는 교회와 선교에 대한 새로운 이해를 더욱 강하게 요청하고 있다. 교회 중심에서 하나님 나라 중심으로, 교회의 선교에서 하나님의 선교로, 건물에서 그리스도의 몸으로, 성직자 중심에서 하나님의 백성 중심으로, 과거 양적 성장과 개교회 중심의 사고에서 벗어나 하나님의 나라(kingdom of God)와 하나님의 선교(Missio Dei) 신학에 기초한 교회와 선교에 대한 이해가 절실하게 요청되고 있다. 이것은 선교적 교회론(Missional Ecclesiology)이 어떻게 한국 교회의 회복에 공헌할 수 있는지를 암시한다. 필자는 본 소고를 통해 그것을 밝히고자 한다.

III. 사례연구

필자는 사례연구를 위해 세 개의 교회를 선정하였다. 선정의 기준은 선교적 교회론을 가지고 지역사회와 적극적으로 소통하면서 하나님의 선교에 참여해 왔다고 평가받는 교회들 가운데 대도시에서 한 곳(새롬교회), 중소도시에서 한 곳(더불어숲동산교회), 그리고 농촌에서 한 곳(송악교회)을 선정하였다. 물론 세 개 교회를 사례연구한 후 선교적 교회의 공통적 특징을 축출해 낸다는 것이 한계가 있지만, 질적 방법을 통해 사례 교회들을 분석하였기 때문에 양적인 방법과는 다르게 접근했으며 다루고 있는 내용도 다르다. 여기서는 먼저 각 교회의 시작배경, 성장과정, 그리고 현황과 사역의 특징들을 간략하게 서술하고, 그들이 공통적으로 가지고 있는 특징들로부터 얻은 선교적 통찰을 정리하고자 한다.

1. 더불어숲동산교회

더불어숲동산교회는 서울에서 남쪽으로 약 40km 떨어진 화성시 봉담읍 동화리에 위치해 있다. 봉담읍은 면적 42.7㎢로 화성시 전체의 약 5.1%를 차지하며 동화리에 약 5,000세대가 거주하고 있다. 이곳은 인구가 빠르게 증가하는 지역으로 인구 구성에서 3, 40대가 차지하는 비율이 가장 높고 10세 이하의 아이들이 많다는 특징을 가지고 있다. 이곳에 2010년 1월 안산동산교회에서 분립 개척한 교회가 더불어숲동산교회이다. 당시 안산동산교회 부목회자였던 이도영 목사와 15명의 교인들이 선교적 교회에 대한 비전을 가지고 이곳으로 옮겨와 새로운 교회를 시작한 것이다. 이 교회의 비전은 개척 초기에 만들어진 다음의 비전 선언문에 잘 드러나 있다.

> 하나님께서 한국 교회에 주신 다양한 영적 전통을 통합하고, 10년 후 한국 교회의 나아갈 방향을 제시하는 교회가 된다. 하나님 나라 신학, 십자가의 영성, 성령의 능력으로 급진적 제자들을 통해 공교회성, 공동체성, 공공성을 회복하는 선교적 교회가 된다.[12]

여기서 다양한 영적 전통이란 복음주의 전통, 진보주의 전통, 오순절 전통을 의미하며, 각 입장의 약점들을 극복하고 강점들을 취할 때 교회는 세 입장을 통합하는 삼위일체적 교회가 된다고 본다.[13] 이 삼위일체적 교회는 하나님 나라 신학과 십자가의 영성과 성령의 능력을 통합하므로 세상 속에서 세상을 변혁시키는 급진전 제자 공동체로 서게 된다. 이도영 목사는 처음부터 지역사회에 임하는 하나님의 나라를 표방하면서 교회가 지역사회의 변혁을 위한 플랫폼(Platform)이 되어 하나님의 선교에 참여해야 한다고 믿었다. 그는 한국 교회가 개인의 영혼구원과 내세를 강조하는 구속신학에서 벗

---

12 http://gf21.org/gnuboard4/bbs/board.php?bo_table=gf_board2&wr_id=2
13 이도영, 『페어처치』 (서울: 새물결플러스, 2017), 79-80.

어나 전 우주적인 회복과 이 땅에 임하는 하나님의 통치를 강조하는 하나님 나라의 신학으로 옮겨가야 한다고 주장한다. 또한 이 땅의 모든 교회가 세상의 번영과 탐욕의 영성을 버리고 겸손과 희생의 십자가의 영성을 가져야 하며, 시스템과 지식의 인간능력중심에서 성령의 능력중심으로 옮겨가야 한다고 주장한다. 이렇게 하나님 나라의 신학과 십자가의 영성과 성령의 능력이 함께 추구되고 교통될 때, 지역교회는 제도화된 조직으로 남아있지 않고 급진적인 제자 공동체로 거듭날 수 있다는 것이다.[14]

더 나아가 이러한 삼위일체적 선교적 교회는 제도적인 종교조직으로 남기를 거부하고 양날개(대그룹+소그룹)와 코이노니아를 통해 공동체성을 추구하고, 이기적인 개교회주의를 버리고 하나의 보편적인 교회를 위해 연합하는 공교회성을 추구하며, 사적이고 배타적인 교회로 남지 않고 공평과 정의의 페어라이프(Fair life)를 추구한다.[15] 이것이 바로 지역사회를 복음의 능력으로 변혁시키고 지역사회에 하나님의 통치가 임하도록 하나님의 선교에 참여하는 선교적 교회인 것이다. 이러한 목회철학과 비전을 가지고 더불어숲동산교회는 개척초기부터 지금까지 공동체성과 공교회성과 공공성을 통합적으로 추구해 왔다. 공동체성을 증진시키기 위해 교회의 구조를 '은사적 평등공동체'로 만들었다. 평신도들을 은사에 따라 각 위원회에 참여케 하고, 각 위원회들이 평등한 위치에서 서로 팀리더십을 행사

14 위의 글, 189-192.

15 성석환 편, 『선교적 교회의 오늘과 내일』 (서울: 예영커뮤니케이션, 2016), 245-250.

하도록 했다. 담임목사는 7년에 한 번 재신임 받도록 했고, 장로제도 임기제로 바꾸었다. 평신도들은 운영위원회와 당회를 통해 더 적극적으로 교회의 의사결정에 참여할 수 있게 했다.

특히 소그룹을 강화시켜서 소그룹 속에서 기초적인 신앙교육과 사랑의 교제와 은사발견과 내적치유가 가능하게 했다. 이러한 소그룹은 신자들이 교회 밖에서 불신자들을 편안하게 만나고, 구도자들이 교회 밖에서도 하나님을 경험할 수 있는 장을 제공해 주었다. 지금도 교회 대그룹 예배에는 나오지 않지만 소그룹에는 나와서 교제하는 사람들이 있다. 이들이 지금은 교회 공동체에 속해 있지 않지만 여전히 하나님의 백성들이며, 하나님의 나라를 향해 함께 여행하는 순례객들이다. 이들을 교회의 평신도 사역자들로 성장시키고 하나님의 선교에 주도적으로 참여하도록 훈련시키는 것이 목회자의 주된 사역이다.

이를 위해 더불어숲동산교회에는 체계적인 평신도 훈련과정이 있다. 예를 들어, 처음 교회에 등록하게 되면, 모든 새가족에게 필수적인 과정인 '새가족 공부'(5주 과정)에 참여하게 된다. 이것을 마치면, '신앙기초반'(8주-성경학교와 기도학교)에 들어가서 신앙의 기초와 기도에 대해서 배우게 된다. 그 다음 단계가 '일대일 제자훈련'(10주) 과정이다. 이곳에서는 이미 훈련받은 셀 리더들이 새신자들이 일대일로 만나 제자훈련을 받게 된다. 이 과정을 모두 마친 사람들은 다시 '셀양육 과정'에 참여하게 되는데, 이 과정은 모두 4단계- 셀기초, 셀성장, 셀섬김, 셀리더 과정-로 이루어져 있다. 이외에도 "독서제자

훈련"과 "90일 성경통독"을 통해 성경 전체에 드러난 하나님의 구원계획을 확실히 배우게 된다.[16] 이러한 체계적이고 순차적인 평신도 이퀴핑 과정(lay-equipping process)을 통해 구도자가 교인으로, 교인이 신자로, 신자가 하나님의 선교에 참여하는 사역자로 변화되는 것이다.[17]

이도영 목사는 공동체성을 교회의 구심력으로, 공교회성과 공공성을 교회의 원심력으로 본다. 교회가 공동체성만 강조하면 지역사회에서 게토(ghetto)화 될 수밖에 없다. 따라서 교회는 공동체성을 다지면서 동시에 공교회성과 공공성을 추구해야 한다. 공교회성은 지역교회가 하나님의 선교에 참여하는 다른 공동체들과 연합할 때 이루어지며, 공공성은 교회가 세상 속에서 정의와 평등의 공공선을 위해 몸부림칠 때 성취된다. 이도영 목사는 더불어숲동산교회의 공교회성을 위해 지금까지 지역교회들과의 연합모임에 적극적으로 참여해 오고 있다. 예를 들어 큰숲형제교회 모임, 2.0 목회자운동모임, 선교적 교회 네트워크 모임(MCNK), 화성 목회자 모임뿐 아니라 지역교회와의 강단 교류를 통해서 공교회성을 추구한다. 공공성은 더불어숲동산교회가 표방하는 '페어처치'를 통해 성취되고 있다. '페어처치'는 이도영 목사가 추구하는 선교적 교회를 가장 잘 드러내는 말이다.[18] '페어처치'의 중심에는 '페어라이프센터'가 있는데 이것은 성도

16 앞의 글, 236.
17 황병배, "효과적인 평신도 훈련과 사역을 위한 제언- 이퀴핑 교회(Equipping Church)를 중심으로," 「선교신학」 제19집 (2008): 296.
18 이도영, 『페어처치』 82-82.

들이 페어라이프를 살 수 있도록 돕는 중요한 역할을 하고 있다. 페어라이프센터를 통해 더불어숲동산교회의 다양하고 통전적인 선교사역들이 세상 속으로 침투해 들어간다. 그리고 그것은 '마을만들기'로 결실을 맺었다.[19]

이도영 목사에게 교회와 마을은 서로 분리되지 않는다. 교회는 마을 속에 있고, 마을은 교회에 의해서 더 좋은 마을로 변혁된다. 하나님은 교회를 마을 속으로 보내셨고, 그 마을에 하나님의 통치가 임하도록 교회를 사용하고 계신 것이다. 그러므로 교회는 그 마을에 보내진 선교 공동체로 마을을 변혁해 나가는 데 하나님께서 사용하시는 중요한 선교적 플랫폼(platform)인 것이다.

이 선교적 플렛폼은 자신의 공간을 마을 사람들과 함께 지어가며 공유한다. 마을 사람들과 함께 공정무역을 수행하므로 공평하고 정의로운 경제 파트너십을 실천한다. 마을 주민들과 함께 하는 문화예술을 추구하고, 교회가 가지고 있는 자원들을 마을사람들과 함께 나눈다. 마을 주민들과 함께하는 협동조합 활동을 통해 공유경제를 실천한다. 마을사람들에게 배움의 장을 제공한다.

최근 화성시로부터 지원을 받아 시작한 '꿈의학교'가 좋은 예이다. 이 꿈의 학교를 통해 마을 아이들은 화성시에 살고 있는 각 분야의 전문가들로부터 직접 교육을 받는다. '꿈의학교'는 생태학교, 의회학교, 카메라학교, 오케스트라학교, 독서학교, 뮤지컬학교 등 다양한 프로그램으로 진행되고 있다.

19 성석환 편, 『선교적 교회의 오늘과 내일』, 243-244.

더불어숲동산교회는 개인의 영혼구원과 이 땅의 모든 피조물들의 총체적인 구원을 함께 추구한다. 이것이 이 교회가 생태환경보존과 회복사역에 집중하는 이유이다. 이상의 사역들은 1) 함께 짓는 공간, 2) 공정무역, 3) 문화예술, 4) 나눔, 5) 사회적 경제, 6) 교육, 7) 플랫폼, 8) 생태라는 8가지 키워드로 정리될 수 있다.[20] 더불어숲동산교회는 이 8가지 선교영역에 집중하면서 지역사회(마을)의 변혁을 실험하고 주도하는 선교적 플랫폼으로 자리 잡았다. 현재 더불어숲동산교회는 매주일 250여 명이 출석하는 자립교회로 성장했다. 이도영 목사는 더 이상의 양적인 성장에 집중하지 않는다. 오히려 지금이 분립개척을 준비할 때라고 말한다.

2. 송악교회

송악교회는 충남 아산시 송악면에 위치해 있다. 천안에서 자동차로 30분 거리이고, 신도시인 아산에서부터 15분 거리에 있지만, 송악면은 지리적으로 아산시에서 가장 높은 지대에 있고, 송악면 전체가 광덕산 줄기에 둘러싸여 있어서 오래전부터 상수도보호구역으로 지정된 청정지역이다. 마을 전체 인구는 약 4000명이고, 초등학교가 두 개, 중학교가 하나 있다.[21]

송악교회의 시작은 1951년으로 거슬러 올라간다. 당시 한국전쟁 중

20 이도영, 『페어처치』 246-302 참조.

21 이종명, "송학교회와 송학마을 이야기 지역사회 공동체와 함께 하는 선교," 「제15회 바른교회 아카데미 연구위원회 세미나 자료집」, 26.

에 개척된 이 교회는 80년대 이후 농촌개혁운동에 앞장섰던 분들이 담임 목회자로 오면서 농촌지역사회에 필요한 선교사역에 더욱 집중하게 되었다. 특히 94년도에 부임한 현재 담임목사인 이종명 목사는 교회가 지역사회를 위해 할 수 있는 일이 무엇인지를 조사한 후, 지역 특성상 친환경 유기농법을 보급하여 마을을 친환경마을로 변혁시켜야겠다는 결론을 얻게 된다.[22] 이를 실천하기 위해 이 목사는 먼저 교회 안에 '농민선교위원회'를 조직하고 복음 안에서 생명운동의 가치와 중요성을 교육하기 시작했다. 그것의 결실이 '송악동네 친환경 농사연구회'이다. 처음에는 약 30여 농가가 이 모임에 참여했으나 '한살림 송악면지회'와 '송악골 영농조합법인'이 세워지면서 안정적인 판로가 확보되자 더 많은 농가가 친환경농업에 참여하게 되었다. 현재는 200여 농가가 논농사 20만 평, 밭농사 20만 평을 경작하고 있으며 재배작물도 쌀, 콩, 잡곡, 야채, 버섯, 벌꿀농사 등으로 확대되었다.[23]

친환경 유기농업으로 시작된 이 목사의 농촌선교는 시간이 흐르면서 지역사회를 위한 다양한 교육, 복지, 공동체 사역으로 확대되어 갔다. 먼저 친환경 농업의 성공이 전국에 알려지면서 마을을 떠났던 사람들과 도시민들이 이주해 오기 시작해서 오히려 인구가 증가했다. 학생 부족으로 폐교 위기에 놓여 있던 마을의 초등학교도 학급 수가 늘어나 본교로 승격되었으며, 교회 옆에 위치한 초등학교는 생

22 황병배, "선교 공동체로서의 농촌교회와 통전적 선교 가능성," 「선교신학」 제36집 (2014): 467-468.

23 이종명, "송학교회와 송학마을 이야기 지역사회 공동체와 함께 하는 선교," 27.

태교육과 인성교육으로 유명세를 타서 정부로부터 '환경교육시범학교'로 선정되었다. 송악마을의 초중등 세 학교는 모든 교육과정이 자연 속에서 생태와 감성 중심으로 이루어지고 모든 식재료는 유기농 농산물로 제공된다. 이 목사는 앞으로 생태교육을 하는 중학교와 농업과 생명을 주제로 하는 대안고등학교 설립도 꿈꾸고 있다.[24]

또한 송악교회는 지역아동센터인 '반딧불 교실'을 열어 지역 내 한부모가정, 조모자녀가정, 저소득층 가정의 아이들을 돌보고 있다. 현재는 지역주민들도 적극 참여하여 약 100여 명의 자원봉사자와 후원자들이 함께하고 있다. 지역의 저소득 노인들을 위해서는 '오병이어 사업'을 시작하여 독거노인 30여 명에게 반찬을 만들어 배달해 드리고 있다. 앞으로 노인복지센터(지역요양원)를 건립하려고 준비 중이다. 송악교회는 공동체 문화를 만드는 일에도 집중하고 있다. 문화가 가진 힘을 알고 있기 때문이다. 교회에서 풍물패를 조직하여 '친환경 농사를 위한 오리 놓기', '논매기 두레 풍물', '친환경 들판 메뚜기 잡기와 추수체험', '짚불 문화 축제' 등 마을의 문화축제를 교회가 주도하고 있으며 그 외에도 청소년연극동아리, 영화모임, 인문학독서모임, 주민연극단, 마을밴드, 숲학교, 서예 등 마을 주민들을 위한 다양한 문화활동에 적극적으로 참여하고 있다.[25]

이종명 목사는 통전적인 구원관을 가지고 있다. 따라서 사람의 영혼구원 뿐만 아니라 하나님의 창조물인 자연 전체의 회복을 추구

---

24 앞의 글, 28.
25 앞의 글, 29.

한다. 이것이 송악교회가 친환경 유기농법을 마을에 보급하고 마을이 친환경 마을로 변화되는 일에 앞장서는 이유이다. 이러한 노력이 2012년부터는 에너지 영역으로까지 확대되었다. 송악교회 성도들이 중심이 되어 에너지 협동조합인 '에너지공방'이 만들어졌다. 이 협동조합은 폐유를 이용하여 바이오디젤 연료를 만들어 주민들과 함께 나누고, 겨울철 저에너지 난방시설을 제작하여 보급하는 등, 마을에 적합한 재생가능 에너지와 지속가능한 천연 에너지를 생산 공급하는 일을 주도하고 있다.

송악교회가 마을에서 실천하고 있는 비전은 '생태공동체마을'이다. 이종명 목사는 이것을 '모든 생명 하늘같이!'라는 표어로 담아냈다.[26] 모든 생명이 살기 좋은 마을이고 동시에 살아있는 마을이며 함께 사는 마을이 되어야 한다는 의미를 담고 있다. 더 나아가 마을을 이루고 있는 사람들뿐만 아니라 하나님의 모든 창조물들이 함께 생명력을 회복하고 조화로운 삶을 살아가도록 하는 일에 교회가 적극적으로 참여해야 한다고 믿는다. 이 목사에게 교회는 세상 속으로 보내진 하나님 백성들의 공동체로, 이 공동체는 지역사회에 임하는 하나님의 통치를 위해 헌신해야 할 사명을 가지고 있다.[27]

다시 말하면, 교회는 교회 자체를 위해 존재하는 것이 아니라 하나님의 선교에 참여하는 중요한 도구인 것이다. 그러므로 지역교회와 마을은 떼려야 뗄 수 없는 불가분의 관계에 있다. 그에게는 교회가

---

26 송악교회, 「교회요람」 (2017): 2.
27 앞의 글, 3.

곧 마을이고, 마을이 곧 교회이다.

3. 부천새롬교회

부천새롬교회는 부천시 원미구 약대동에 위치해 있다. 부천시는 경기도에 있지만 서울과 근접해 있는 도시로 인구밀도가 높은 지역이다. 1986년 이원돈 목사가 이곳에서 교회를 개척할 당시 이곳은 도시빈민들이 모여 살던 곳이었는데 서울과 인천 중간지역에 위치한 지리적인 여건 때문에 기업들이 많이 들어서면서 생활여건도 빠르게 개선되었다. 물론 약대동 일대에는 아직도 공장들이 많기 있어서 생활환경이 좋은 것만은 아니지만, 과거에 비하면 많이 발전한 도시이다.[28]

이원돈 목사의 목회는 '마을 만들기'와 '생명망 구축'으로 요약될 수 있다. 그에게는 마을주민 모두가 목양의 대상이다. 교회는 절대로 마을과 단절되어 고립되어서는 안 된다. 오히려 마을에 하나님의 통치가 임하도록 적극적으로 마을의 변혁에 앞장서야 한다. 하나님은 그의 백성들이 교회 안에 갇혀 있기를 원하지 않으신다. 교회 안에서 말씀으로 훈련받은 성도들은 이제 하나님의 선교에 참여하는 선교사들로 세상 속에서 선교적 삶을 살아야 한다. 그 세상이 바로 '마을'이다. 그리고 그 마을에서 교회가 제일 먼저 해야 할 일은 마을과 교

28 조용훈, "마을만들기를 통한 지역교회 활성화 방안," 「기독교사회윤리」 제24집 (2012): 230.

회 간의 생태적 생명망을 구축하는 것이다. 이 생명망을 통해 교회와 마을은 서로 긴밀하게 연결되며 하나가 된다.[29] 이원돈 목사는 앞으로 한국 교회가 다시 살아나기 위해서는 반드시 교회 중심, 성장 중심, 목사 중심에서 마을 중심, 봉사 중심, 평신도 중심으로 옮겨가야 한다고 믿는다. 특히 교회는 하나님이 만드신 모든 생명체들이 생태학적, 상호의존적 연결망을 통해 서로 연결되어 있어야 함을 강조한다. 즉, 지역교회는 지역사회와 생명적 생태계를 함께 만들어 가면서 마을에 생명력을 불어넣는 중심이 되어야 한다는 것이다. 그동안 이원돈 목사는 교회와 마을간 생태적 생명망 구축을 위해 네 가지 영역, 즉 복지생태계, 교육생태계, 문화생태계, 사회경제생태계를 만드는 일에 주력해 왔다.[30]

그 결과 교회가 마을의 어린이집, 아동센터, 가족도서관, 어르신 꿈터 등, 교육 및 복지 프로그램을 주도하면서 마을주민들과 소통하게 되었고, 주일학교로 국한되어 있던 교회학교는 마을 주민들의 평생학습을 위한 중요한 플랫폼이 되었다. 마을 전체가 배움터가 되었는데 그 중심에 교회학교가 있다. 교회가 주도하는 마을 청년아카데미, 마을 선교아카데미가 진행중이고, 공동여름마을학과 마을학교 교사대학도 준비 중에 있다. 이러한 교육생태계 형성을 통해 마을에 젊은이들이 모여들고 생기가 넘치는 마을로 변화되었다. 그 외에도 중년 성인들의 소그룹 모임인 '장년여성사회복지모임', '소담언니공부

29 한국일, "선교적 교회의 실천적 모델과 원리," 375-376.

30 이원돈, "지역사회를 움직이는 선교적 마을교회," 「한국 교회선교연구소 정기회보」 (2015): 28-32.

방', '달토세미나', '성서아카데미' 등도 활발하게 진행되고 있으며, 노인들을 위해서는 은빛인문학, 민주시민학교, 실버방송단도 운영하고 있다. 이렇게 학습동아리들을 통해 마을 주민들이 서로 네트워크를 이루며 하나의 마을공동체로 만들어져 가고 있는 것이다. 문화생태계 구축을 통해서는 '꼽이 청소년 심야식당'과 '꼽이 청소년 심양상담실'이 만들어졌다. '꼽이'(ggob)는 약대동의 마스코트(mascot)로, 순수 우리말인 '꼽사리'의 준말이다. 꼽사리는 다른 사람이 노는 자리에 끼어드는 것을 의미한다. 이것은 원래 새롬교회가 부천시 국제영화제(Bucheon International Fantastic Film Festival)에 참여하면서 사용하기 시작한 말인데, 지금은 교회와 마을 주민들과의 만남과 연합의 자리를 뜻하는 것으로 그 의미가 확대되어 사용되고 있다. 그래서 약대동 안에서 이루어지는 각종 모임과 문화 행사들에는 '꼽이'라는 말이 많이 들어간다. 예를 들면, '꼽이 영화제', '꼽이 마을방송국', '꼽이 식당', '꼽이 상담실' 등이다. '꼽이'가 교회와 마을, 그리고 마을 주민들을 하나의 공동체로 만들어주는 중요한 역할을 하고 있는 것이다. 마지막으로 약대마을의 사회경제생태계 구축을 위해서 새롬교회는 '달나라 토끼 협동조합'을 세웠다. 일명 '달토'라고 불리는 이 협동조합은 떡과 차를 판매하는 카페로 사회적 기업이다. 이 사업을 통해 교회와 마을이 연결되고, 교회와 교회들이 연결되고 있다. 이 장소에서 마을의 교육, 복지, 문화를 위한 새로운 시도들이 이루어질 뿐 아니라 지역 교회들간의 연합 모임도 이루어지고 있다. 그리고 이 기업을 통해 얻어진 수익은 조합원들이 공평하게 나눈다. 앞

으로 약대 마을의 더 많은 주민들이 사회적 협동조합에 참여할 것을 기대하고 있다.[31]

이상과 같이 새롬교회는 마을 주민들과 매우 긴밀하게 소통하면서 교회의 울타리를 마을로까지 확장시켰다. 이원돈 목사는 새롬교회의 목사이지만 동시에 마을의 촌장과도 같다.[32] 그는 교회가 교인들만의 공동체가 되어서는 안되며 교회의 영역이 마을로 확장되어야 함을 강조한다. 그에게 지역사회, 즉 마을은 하나님의 통치가 임하는 현장이며, 이 일을 위해 교회는 마을로 보냄을 받은 것이다. 지금까지 이원돈 목사와 새롬교회는 마을주민들을 위한 복지, 교육, 문화, 사회경제 생태계를 만들어가면서 교회와 마을이 하나의 공동체가 될 수 있다는 가능성을 보여 주었다. 그리고 이것이 오늘날 대사회적인 영향력을 빠르게 상실해 가면서 심각한 정체와 쇠퇴의 위기 앞에 놓여 있는 한국 교회가 다시 일어설 수 있는 유일한 길이라고 믿고 있다. 따라서 마을과 긴밀하게 소통하지 못하거나 지역사회에 어떤 영향력도 끼치지 못하는 교회라면, 그것은 더이상 교회라고 할 수 없다. 교회는 지역사회에 하나님의 통치가 임하도록 하나님이 파송한 선교공동체이기 때문이다.

31 앞의 글, 33-35.
32 조용훈, "마을만들기를 통한 지역교회 활성화 방안," 237.

IV. 선교적 통찰: 선교적 교회의 7 핵심요소

지금까지 필자는 한국적 상황속에서 선교적 교회론에 기초하여 지역사회와 긴밀히 소통하며 지역사회, 즉 마을의 변혁을 이끌어 온 교회들의 사례를 서술하였다. 이들은 지역, 배경, 규모, 상황, 그리고 집중하는 사역들에서 서로 달랐다. 더불어숲동산교회는 지방 중소도시에, 송악교회는 농촌시골에, 새롬교회는 서울 근교의 대도시에 위치하고 있었다. 개척배경도 더불어숲동산교회는 신도시에 분립개척한 교회인 반면, 송악교회는 전통적인 농촌에, 그리고 새롬교회는 전형적인 도시빈민 지역에 개척된 교회이다. 집중하는 사역들도 매우 다양했다. 더불어숲동산교회는 교회의 공동체성과 공교회성과 공공성이라는 삼위일체적 선교적 교회를 추구하면서 지역사회의 변혁을 위한 플랫폼이 되었다면, 송악교회는 친환경 유기농법을 마을주민들에게 보급하면서 마을변혁의 중심에 서게 되었고, 새롬교회는 복지, 교육, 문화, 사회경제의 네 영역에서 생명망을 확장해 가면서 교회가 지역사회와 하나가 되어가고 있었다. 그러나 이러한 차이들에도 불구하고 이 교회들은 선교적 교회론의 관점에서 볼 때 몇 가지 중요한 공통점들을 가지고 있다. 이 공통점들은 오늘 한국 교회들이 선교적 교회로 거듭나기 위해서 꼭 갖춰야 할 필수요소들이 무엇인지에 대한 선교적 통찰을 준다. 정리하면 다음과 같다.

첫째, 선교지로서의 지역사회 (Local community as mission field)

선교의 주체이신 하나님은 교회를 세상으로 보내신다. 선교적 교회는 그 세상을 '지역사회'(local community)로 본다. 지역사회가 하나님이 교회를 보내시는 선교지(mission field)인 것이다.[33] 지역사회를 선교지로 새롭게 인식하게 된 것은 선교적 교회의 담론을 시작한 레슬리 뉴비긴(Lesslie Newbigin)의 경험에서 비롯되었다고 할 수 있다. 그가 선교적 교회에 관한 통찰을 얻게 된 계기는 38년간 인도에서의 선교사역을 마치고 영국으로 돌아온 후, 변화된 영국사회에 직면하면서부터였다. 영국은 이미 탈 기독교적이고 세속적이며 다원주의적인 사회로 빠르게 변해가고 있었고, 교회들은 지역사회 안에 존재하면서도 지역사회와 단절된 채, 게토(ghetto)화된 집단으로 전락해 가고 있었다.[34] 이런 상황에서 뉴비긴은 서구 기독교 사회(Christendom)의 붕괴를 겸손하게 인정하고, 지역사회를 새로운 선교현장으로 인식하게 된다. 그에게는 지역사회가 곧 선교지이다.[35]

따라서 선교적 교회에게 선교지란 해외만을 의미하지 않는다. 교회가 서 있는 마을이 곧 오늘 하나님이 교회를 보내시는 선교지인 것

---

33 Alan J. Roxburgh & M. Scott Boren, *Introducing the Missional Church* (Grand Rapids: Wm. B. Eerdmans, 2009), 76-77.

34 Alan J. Roxburgh, *Missional Joining God in the Neighborhood* (Grand Rapids, MI: 2011), 35-36.

35 Lesslie Newbigin, *Unfinished Agenda: An Autobiography* (Grand Rapids, MI: Wm. B. Eerdmans, 1985), 249.

이다.[36] 필자가 사례 연구한 세 교회는 모두 지역사회, 즉 마을을 매우 중요한 선교지로 인식하고 있었다. 마을은 복음이 증거되고 실현되며 하나님의 통치가 임해야 할 장소이다. 하나님의 주권과 통치가 임하는 마을이 곧 하나님의 나라인 것이다. 이런 의미에서 교회가 서 있는 지역사회(마을)는 매우 중요한 선교지라 하지 않을 수 없다. 세 교회는 공통적으로 지역사회에 대한 상황과 필요가 무엇인지를 이해하기 위해 지역에 대한 연구를 먼저 수행하였다. 더불어숲동산교회는 서울 외곽에 위치한 소도시 봉담에 살고 있는 사람들의 성향과 필요를 면밀히 조사하고 그에 합당한 사역들을 제공하였다. 송악교회도 송악마을의 지리적 환경을 조사한 후 친환경 농사를 보급시켜 인간과 자연의 통전적인 회복을 이루었다. 새롬교회도 도시빈민들이 모여 있는 곳에 개척하여 그들에게 가장 필요한 복지와 교육을 위한 사역을 시작하고 그것이 문화와 사회경제 영역에까지 확산되어 교회와 마을의 경계를 허무는 생명망 생태계를 만들었다. 그러므로 교회가 지역사회를 선교지로 인식하고 마을의 필요를 정확하게 파악한 후 적합한 방법으로 응답하는 것은 선교적 교회를 이루기 위해 꼭 필요한 요소이다.

둘째, 보냄받은 공동체(Sent-community)로서의 교회 이해

지금까지 한국 교회는 교회를 에클레시아(ecclesia), 즉 '부름을 받

---

36 Darrell Guder, *Missional Church* (Grand Rapid, MI: Eerdmans Publishing Co, 1998), 5.

은 하나님 나라 백성들의 공동체'로만 이해하는 경향이 강했다. 이것은 모이는 교회로서의 정체성을 강화시켜서 지역교회들로 하여금 교회 밖에 있는 사람들을 교회 안으로 끌어모으는 일에 전력을 다하게 했다. 그러나 이러한 교회 이해는 하나님이 우리를 부르셔서 다시 세상으로 보내신다는 '보냄받은 교회' 혹은 세상 속으로 '흩어지는 교회'를 상대적으로 약화시키는 결과를 초래했다. 즉, 세상(지역사회)으로 보냄을 받은 교회의 선교적 사명을 잃어버리고 만 것이다.[37] 사례 연구한 세 교회는 모두 자신들이 세상, 즉 지역사회로 보냄을 받은 하나님 나라 백성들의 공동체라고 하는 '선교적 자기정체성'을 가지고 있었다. 송악교회는 농촌마을로, 새롬교회는 도시빈민들에게, 그리고 더불어숲동산교회는 대도시와 비교되는 열악한 환경에서 성공에 대한 열망을 가지고 살아가는 신도시 지역사회로 보냄을 받았다는 것이다. 이들이 보냄을 받았다는 것은 보내신 주체를 인정하는 것이다. 보내심의 주체가 곧 선교의 주체이고 그것을 삼위일체 하나님으로 보는 것이 선교적 교회론의 일관된 입장이다.[38]

단지 보냄받은 공동체를 지나치게 강조하다 보면, 역으로 부름받은 공동체로서의 정체성이 약화될 수 있는데 사례 연구한 세 교회들은 보내심과 부르심을 함께 강조하며 둘 사이의 균형을 유지하고자 노력하고 있었다. 이렇게 부름받음(being called)과 함께 지금까지 한국의 많은 교회들이 간과해 온 보냄받음(being sent)의 정체성을

37 앞의 글, 9.
38 Craig Van Gelder & Dwight J. Zscheile, *The Missional Church in Perspective* (Grand Rapids, MI: Baker Academic, 2011), 110–111.

회복하는 것이 한국적 상황에서 선교적 교회를 세우기 위한 필수적인 요소라고 하겠다.

셋째, 통전적 선교(Holistic mission)

선교적 교회는 지역사회로 보냄을 받은 교회들이 통전적 선교사역을 통해 하나님의 선교에 참여해야 한다고 믿는다.[39] 통전적(統全的)이라 함은 '전체를 하나의 큰 줄기로 통합하고 큰 통에 담는다'는 의미로, 개인의 영혼구원과 사회구원, 복음선포와 사회참여를 서로 대립적인 것으로 구별하지 않고 모두를 하나로 포괄하는 총체적인 선교를 의미한다. 오랫동안 한국 교회 안에서 두 입장이 대립되어 왔다. 에큐메니칼과 복음주의이다. 에큐메니칼은 교회의 대 사회적 책임을 강조한 결과 개인구원과 복음증거에 대한 관심이 약하다는 지적을 받아왔고, 복음주의는 개인구원과 복음증거를 강조한 결과 대사회적 책임에 소홀했다는 지적을 받아왔다.[40] 선교적 교회는 이 둘을 하나로 통합하여 하나의 사역으로 인식하고자 한다.[41]

사례연구대상인 세 교회는 모두 통전적 선교사역을 수행하고 있었다. 이들은 교회 내적으로 개인의 영성과 제자훈련에 집중하면서

---

39 Craig Van Gelder, *The Ministry of the Missional Church* (Grand Rapids, MI: Baker Books, 2007), 61.
40 양낙흥, "세계교회협의회의 선교신학 분석과 평가," 「선교와 신학」 제28집 (2011): 226.
41 Tom Sine, *Mustard Seed versus McWord* (Grand Rapids, MI: Baker Book, 1999), 218-219.

동시에 교회 밖 마을 주민들의 다양한 필요에 응답하는 다양한 선교사역들을 수행하고 있었다. 더불어숲동산교회는 교회의 공동체성을 형성하기 위해서 대그룹 예배 공동체와 소그룹 성경공부에 집중해왔고, 공공성 형성을 위해서는 페어처치를 표방하며 다양한 마을협동조합을 운영하고 있다. 송악교회의 경우는 친환경 농사를 마을에 보급하는 것으로 시작한 것이 다양한 복지, 교육, 문화, 사회경제 생명망 구축으로까지 확장되면서 외지에서 젊은 세대들이 몰려와 지금은 교회의 예배 출석인원도 많이 늘어났고, 성도들의 영성을 위한 다양한 프로그램들이 진행중이다. 새롬교회도 초기에는 도시빈민들을 위한 사회사업에 집중했지만, 점차 시간이 지나면서 교회 내 성도들의 영적인 성장도 함께 추구하게 되었다. 이렇게 선교적 교회들이 통전적 선교사역을 수행하는 것은 복음의 통전성을 인정하기 때문이다. 복음은 개인의 영혼을 구원하는 능력일 뿐 아니라 자연 만물의 온전한 회복을 가능케 하는 능력이다. 그러므로 선교적 교회의 복음증거는 통전적이어야 하며, 통전적 선교사역은 선교적 교회를 이루는 중요한 요소이다.

넷째, 하나님의 선교(Missio Dei)

선교적 교회는 하나님을 '파송하시는 하나님'으로 이해한다. 데이비드 보쉬(David Bosch)는 보내심은 삼위일체 하나님의 속성이며 그 하나님이 오늘 교회를 세상 속으로 보내신다고 했다.[42] 이것은 '선교의 주체가 누구인가'의 문제이다. 한국 교회는 오랫동안 교회가 선교를 한다고 생각하는 경향이 강했다. 이 경우 선교의 주체는 교회가 된다. 그러나 선교의 주체는 하나님이시다. 왜냐하면 삼위일체 하나님이 교회를 세상으로 보내시기 때문이다. 교회가 선교의 주체가 아니라 하나님이 선교의 주체라는 생각, 이것이 바로 하나님의 선교(Missio Dei)의 핵심이다.[43] 이런 관점에서 볼 때, 교회는 하나님의 선교에 참여하는 참여자이며 대행자이다. 교회는 선교의 목적이나 목표가 아니라 하나님의 선교의 중요한 도구이다. 선교가 교회를 위해 존재하는 것이 아니라 교회가 선교를 위해 존재하는 것이다.[44] 사례 연구한 세 교회는 자신들이 선교를 주도하거나 선교의 주체라고 보지 않았다. 오히려 그들이 더 큰 하나님의 선교에 참여하고 있다고 고백한다. 더불어숲동산교회 이도영 목사는 교회개척의 동기를 하나님의 선교에 참여하여 교회의 본질을 드러내는 새로운 교회를 세우고자 했기 때문이라고 말한다.[45] 송악교회 이종명 목사와 새롬교회 이원돈 목사도 분명한 하나님의 선교(Missio Dei) 신학을 가지고 하나님의 나라(통치)가 지역사회에 임하도록 최선을 다하고 있었다. 이것은 교회가 스스로 자신을 낮추고 하나님을 선교의 주인공으로 높여드리는 것이다. 교회가 지역사회 위에 군림하며 지배하는 세력

42 David Bosch, *Transforming Mission: Paradigm Shifts in Theological of Mission* (Maryknoll, N.Y.: Orbis, 1991), 390.
43 Darrell Guder, *Missional Church,* 4.
44 앞의 글, 81-82.
45 이도영, 『페어처치』 342.

이 되기를 거부하고, 지역사회 안으로 들어가서 마을 주민들과 함께 하며 그곳에 하나님의 통치가 임하도록 통로가 되는 것이다. 이때 지역 주민들은 교회를 마을 안에 있지만 마을과 동떨어진 이기적인 집단으로 보지 않고, 자신들과 늘 함께 하며 아픔을 함께 나누는 동거 집단으로 보게 될 것이다. 이것이 교회와 마을 사이의 담을 무너뜨리고 서로가 복음 안에서 하나가 되게 하는 길이다. 이런 의미에서 하나님의 선교(Missio Dei) 신학은 선교적 교회가 꼭 갖추어야 할 중요한 요소이다.

다섯째, 하나님의 나라(Kingdom of God)

이것은 하나님의 선교에 참여하는 선교적 교회의 목표와 관련되어 있다. 하나님의 선교의 최종 목표는 이 땅에 임하는 하나님의 나라에 있다. 하나님의 나라는 하나님의 통치를 의미한다. 따라서 선교적 교회는 이 땅에 임하는 하나님의 통치를 갈망한다.[46] 이원론적 사고를 가진 사람은 하나님의 나라를 '하늘나라'로만 이해한다. 우리가 이 땅에서의 생을 마치고 가는 하늘나라가 천국이고 그것이 곧 하나님의 나라라고 이해한다. 이런 관점은 이 땅에 임하는 하나님의 통치 개념을 약화시키며, 교회로 하여금 사람들을 끌어 들이는 일에만 몰두하게 하게 만들기 때문에 세상에 대한 관심이 매우 약화된다.[47] 예

46 Craig Van Gelder & Dwight J. Zscheile, *The Missional Church in Perspective,* 55-57.

47 Will Mancini, *Church Unique* (San Francisco, CA: Jossey-Bass, 2008), 34-35.

수가 선포한 메시지는 '하나님의 나라'였다. 그 나라는 미래에 경험할 하나님의 나라이면서 동시에 지금 이 땅에 임하는 하나님의 통치를 모두 포함하고 있었다.[48] 또한 하나님의 나라는 우리의 선포를 통해서 세상에 알려지지만, 우리의 삶과 실천을 통해서 이 땅에 실제적으로 실현되는 하나님의 통치이다. 따라서 선교적 교회는 이 땅에 임하는 하나님의 나라(통치)를 추구한다.[49] 필자가 사례 연구한 교회들은 모두 하나님의 나라를 하나님의 통치로 이해하고 있었으며, 선교의 궁극적인 목적을 하나님의 통치가 이 땅에 임하도록하기 위함이라고 보았다. 물론 내세의 천국을 부정하지는 않지만, 이 땅에 임하는 하나님의 통치로서의 하나님 나라도 놓치지 않고 있는 것이다. 따라서 이들이 믿는 천국은 현세와 내세, 현재와 미래, 개인과 공동체에 임하는 하나님의 통치를 포함하는 매우 통전적인 것이다. 그리고 그 하나님의 통치가 이 땅에 임할 때, 이 땅에는 공평과 정의와 평화가 실현된다.[50] 이것이 교회가 서 있는 지역사회(마을)에서 이루어지도록 하나님은 교회를 마을에 파송하신 것이고, 교회는 이 하나님의 선교에 참여하고 있는 하나님 나라 백성들의 공동체이다. 따라서 하나님의 나라에 대한 통전적인 이해를 가지고 이 땅에 임하는 하나님의 통치, 즉 공평과 정의와 평화(샬롬)를 추구하는 것은 선교적 교회를 이루는 필수적인 요소라 하겠다.

48 Darrell Guder, *Missional Church*, 89-90.
49 앞의 글 102-109; 눅 4:18-19.
50 이도영, 『페어처치』, 89-101.

여섯째, 선교적 교회구조: 한 백성이 함께 이끌어 가는 팀 리더십 구조(Laos-Driven Structure)[51]

선교적 교회는 하나님의 백성들이 함께 이끌어 가는 팀 리더십의 구조를 가진다. 초대교회에서는 하나님의 백성들(λαός του θεου) 가운데 리더십 은사를 가진 사람들이 팀 리더십을 이루고 있었다.[52] 그러나 중세에 들어서면서 교회 내에 성직자 그룹과 평신도 그룹이 생겨나고, 이것이 중세 1천 년을 거치면서 더욱 확고해져서 오늘날 대부분의 전통교회가 가지고 있는 목회자와 평신도 간의 명확한 구분으로 이어진 것이다.[53] 그러나 성직자와 평신도의 구분은 사역 기능에 따른 구분(functional difference)이지, 본질상 차이가 있는 존재론적인 구분(ontological dichotomy)이 아니다.[54] 선교적 교회는 목회자와 평신도 사이의 존재론적 이분법의 긴장 구조를 배격한다. 목회자의 성직 자체를 부정하는 것은 아니지만, 그렇다고 목회자의 특권과 권위만을 강조하지 않는다. 목회자나 평신도나 모두 하나님의 한 백성으로 부름을 받고 보냄을 받은 사역자들이기 때문이다.

따라서 선교적 교회는 목회자가 평신도 사역자들과 함께 사역을

---

51 황병배, "효과적인 평신도 훈련과 사역을 위한 제언," 「선교신학」 제19집 (2008): 291.

52 Paul Stevens, *The Other Six Days: Vocation, Work and Ministry in Biblical Perspective* (Grand Rapid, MI: Eerdmans Publishing Co, 1999), 26-27.

53 Greg Ogden, *The New Reformation: Returning the Ministry to the People of God* (Grand Rapid, MI: Zondervan Publication, 1999), 66-67.

54 Paul Stevens, *The Other Six Days: Vocation, Work and Ministry in Biblical Perspective*, 31-32.

이끌어가는 수평적 파트너십 구조를 추구한다.[55] 이러한 파트너십을 만들어내기 위해서 꼭 필요한 것이 '제자훈련과정' 혹은 '평신도훈련과정'이다. 성도들은 이 과정을 통해 자신의 은사를 발견하고 팀 리더십을 함께 공유하면서 교회의 내적 그룹(inner circle)인 언약그룹(covenant community)안으로 이동하게 된다.[56] 이렇게 선교적 교회의 구조는 목회자와 평신도가 팀 리더십을 구축하고 평신도들이 은사를 따라 선교사역에 자발적으로 참여하게 하므로 교회 안팎의 총체적인 필요에 효과적으로 응답하게 한다. 사례 연구한 세 교회는 목사들이 모든 사역을 감당하고 있지 않았다. 평신도 리더들과 함께 사역을 이끌어가고 있었다. 평신도들은 훈련과정을 거치면서 교회를 선교공동체로, 자신을 선교사로 새롭게 인식하며 선교적 자기정체성을 확고히 하게 된다. 물론 교회들마다 처한 상황과 구성원들이 달랐기 때문에 훈련과정이나 방법도 상이하지만, 평신도들을 훈련시켜서 함께 사역해야 한다는 신념은 모두 같았다. 그리고 실제로 많은 사역들을 평신도들이 중심이 되어 이끌어 가고 있었다. 따라서 성직자와 평신도의 이분법적 구분을 극복하고 하나님의 한 백성들이 함께 이끌어가는 팀 리더십 구조는 선교적 교회를 이루기 위한 매우 중요한 요소라 하겠다.

55 Greg Ogden, *The New Reformation: Returning the Ministry to the People of God*, 60.
56 Darrell Guder, *Missional Church*, 211-212.

일곱째, 선교사로서의 하나님 나라 백성들(God's missionary people)

선교적 교회에서 하나님의 백성들(λαός του θεου)은 매우 중요한 위치를 차지한다. 그들은 교회 안에만 머무르면서 구원받았다는 안도감에 자족해서는 안 된다. 오히려 교회 밖 세상으로 나아가 자신들의 삶의 자리에서 복음을 전하며 하나님 나라의 가치를 드러내는 선교사적인 삶을 살아야 한다. 이런 의미에서 하나님의 백성들은 모두 선교사들이다.[57] 이들이 각자의 삶이 현장에서 하나님 나라의 가치를 온전히 드러낼 때, 하나님의 나라는 더욱 견고히 서게 될 것이다.[58] 앞에서 언급한 대로 한국 교회는 오랫동안 교회 중심, 성직자 중심의 문화를 만들어왔다. 성도들이 세상에서 어떤 삶을 사느냐보다는 교회에 얼마나 열심히 다니느냐가 신앙의 정도와 수준을 측정하는 기준이 되어 왔다. 교회 안에서도 대부분의 일들이 성직자 중심으로 이루어지기 때문에 평신도들은 주변인으로 인식되거나 부차적인 조력자로 인식되어 왔다. 그 결과, 성도들이 세상에서 어떤 삶을 살든 상관없이 교회만 열심히 나와서 자리만 채워주면 된다는 식의 잘못된 생각이 한국 교회를 오랫동안 지배해 온 것이 사실이다.

선교적 교회는 이러한 교회 중심적이고 성직자 중심적인 이분법

57 Craig Van Gelder & Dwight J. Zscheile, *The Missional Church in Perspective*, 153–154.

58 Kim Hammond & Darren Cronshaw, *SENTNESS*(Downers Grove, IL: InterVarsity Press, 2014), 46.

적 사고를 배격한다. 선교적 교회는 성도들을 교회 안에 가둬두지 않는다. 오히려 성도들이 삶의 자리에서 불신자들(the unchurched)에게 복음을 전하며 하나님 나라의 가치를 함께 추구하기를 원한다. 최동규는 "선교적 교회의 평신도들은 그들의 삶의 현장에서 교회됨을 드러내며 살아야 하며, 그들의 사역은 예배당 안에서의 봉사를 넘어 세상에서 그리스도의 증인으로 살아가는 삶의 방식으로 확장되어야 한다"고 했다.[59]

사례 연구한 세 교회의 목회자들은 모두 이와 같은 생각을 공유하고 있었다. 그들에게 평신도는 교회성장을 위한 도구가 아니라, 지역사회를 하나님의 나라로 변혁하는 일에 주도적으로 참여하는 선교사들이다. 그들의 다양한 선교 사역들을 통해서 지역사회 안에 하나님의 통치가 임하는 것이다. 송악교회의 성도들은 농촌이라는 상황 속에서 친환경 농사를 통해 지역사회를 통전적으로 회복시키면서 선교자적 사명을 다하고 있었다. 이 교회의 표어는 '농촌을 하나님 나라로, 교회의 제직을 지역사회의 리더로'이다.[60] 새롬교회 성도들은 지역주민들과 함께 복지, 교육, 문화, 사회경제 생태계를 구축하여 교회와 마을을 하나의 공동체로 만들면서 선교사적인 삶을 살아가고 있다.[61] 더불어숲동산교회 성도들도 자신들의 삶 속에서 페어

59 최동규, "선교적 교회의 평신도들을 위한 사도직 이해," 「선교신학」 제41집 (2016): 455.

60 한국일, "선교적 교회의 실천적 모델과 원리" 378.

61 이원돈, 『마을이 꿈을 꾸면 도시가 춤을 춘다』 (서울: 동연, 2011), 238-239.

라이프(fair life)를 살아가면서 선교사적 사명을 감당하고 있다.[62] 교회는 하나님께서 세상으로 파송한 선교공동체이며, 그 공동체를 이루는 성도들은 교회 안에서뿐 아니라 교회 밖 세상 속에서 더욱 하나님 나라의 가치를 드러내야 할 선교사들인 것이다. 이런 의미에서 성직자와 평신도를 하나님의 선교에 참여하는 선교사들로 인식하는 것은 선교적 교회를 구성하는 매우 중요한 요소라 하겠다.

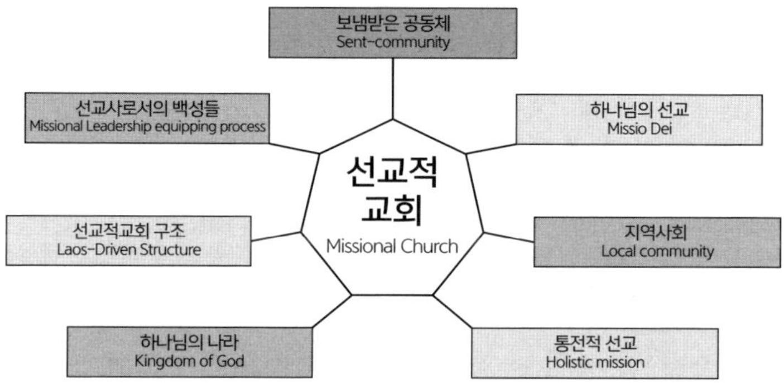

위의 그림은 지금까지 서술한 선교적 교회의 7가지 핵심요소를 보여준다.

V. 나가는 말

본 소고는 선교적 교회론이 한국적 상황에서 실제로 어떻게 실천되고 있는지를 알아보고, 그들이 가지고 있는 공통적인 특징들로부

62 이도영, 『페어처치』, 341-342.

터 선교적 통찰을 얻고자 했다. 이를 위해 필자는 한국에서 선교적 교회론에 대한 담론이 급부상게 된 이유들을 간략하게 서술한 후, 세 곳의 교회를 선택하여 사례연구를 수행하였다. 사례 교회를 선택한 기준은 선교적 교회론에 기초하여 지역사회와 긴밀히 소통하며 마을의 변혁을 이끌어 온 것으로 평가받는 교회들이었다. 이들은 지역, 배경, 규모, 상황, 그리고 집중하는 사역들에서 서로 달랐지만, 몇 가지 중요한 공통점들을 가지고 있었다. 필자는 이 공통점들로부터 한국적 상황에서 선교적 교회를 이루고 있는 주요 요소들이 무엇인지를 정리할 수 있었다. 그것은 첫째, 선교지로서의 지역사회(Local community as mission field) 이해. 둘째, 보냄받은 공동체(the sent-community)로서의 교회 이해. 셋째, 통전적 선교사역(Holistic mission). 넷째, 하나님의 선교(missio Dei). 다섯째, 하나님의 나라(Kingdom of God). 여섯째, 하나님의 한 백성이 함께 이끌어 가는 팀리더십 구조(Laos-Driven Structure). 일곱째, 선교사로서의 하나님 나라 백성들(God's missionary people)이다. 이것은 오늘 한국 교회들이 선교적 교회로 다시 세워지기 위해서 꼭 갖춰야 할 필수요소들이 무엇인지에 대한 선교적 통찰을 준다. 결국 선교적 교회는 교회의 선교적 본질을 회복하고, 하나님으로부터 세상으로 보냄을 받은 선교 공동체라는 자기 정체성을 가지고 이 땅에 임하는 하나님의 나라(통치)를 위해 통전적 선교사역을 수행하는 사명 공동체라고 할 수 있다.

참고문헌

- 강병오, “한국개신교의 사회적 신뢰 실추 원인과 대책.” 「신학과 선교」 제41권 (2012): 61-84.
- 기독교윤리실천운동. 「2013년 한국 교회의 사회적 신뢰도 여론 조사 결과 자료집」. 2014.
- 김승호. “한국 교회성장정체성원인분석과 대책에 관한 연구.” 「개혁논총」 제19권 (2011): 219-244.
- 남태욱. “21세기 한국 교회 갱신을 위한 윤리적 과제: 2008 한국 교회의 사회적 신뢰도 여론조사를 중심으로.” 「성경과 신학」 제53권 (2010): 171-201.
- 성석환 편. 『선교적 교회의 오늘과 내일』. 서울: 예영커뮤니케이션, 2016.
- 송악교회. 『교회요람』. 2017.
- 신호균. “한국 교회의 양극화 현실과 실천적인 해소방안에 관한 탐색적 접근.” 「로고스경영연구」 제5권 (2007): 1-19.
- 양낙흥. “세계교회협의회의 선교신학 분석과 평가.” 「선교와 신학」 제28집 (2011): 223-258.
- 유광석, Danial Connolly, 김원기. 한국대형교회의 ‘사사화’에 관한 재해석: 새로운 패러다임의 관점에서. 「종교와 문화」 제28호 (2015): 53-77.
- 이도영. 『페어처치』. 서울: 새물결플러스, 2017.

- _____. 공교회성과 공동체성과 공공성을 회복하는 선교적 교회. 「한국 교회선교연구소 정기회보」 (2016): 18-37.
- 이종명. 송학교회와 송학마을 이야기 지역사회 공동체와 함께 하는 선교. 「제15회 바른교회아카데미 연구위원회 세미나 자료집」 (2011): 25-32.
- 이원돈. 『마을이 꿈을 꾸면 도시가 춤을 춘다』. 서울: 동연, 2011.
- _____. 지역사회를 움직이는 선교적 마을교회. 「한국 교회선교연구소 정기회보」 (2015): 28-35.
- 이후천. 선교적 교회론과 한국 교회 선교. 「선교신학」 제43집 (2016): 137-160.
- 조용훈. 마을만들기를 통한 지역교회 활성화 방안. 「기독교사회윤리」 제24집 (2012): 223-246.
- 최동규. 선교적 교회의 평신도들을 위한 사도직 이해. 「선교신학」 제41집 (2016): 453-490.
- 최윤식. 『2020-2040 한국 교회 미래지도』. 서울: 생명의 말씀사, 2013.
- 한국일. 선교적 교회의 실천적 모델과 원리. 「선교신학」 제36집 (2014): 355-401.
- 황병배. 선교 공동체로서의 농촌교회와 통전적 선교 가능성 「선교신학」 제36집 (2014): 445-488.
- _____. 효과적인 평신도 훈련과 사역을 위한 제언- 이퀴핑 교회(Equipping Church)를 중심으로. 「선교신학」 제19집 (2008):

272-298.

- Bosch, David. *Transforming Mission: Paradigm Shifts in Theological of Mission.* Maryknoll, N.Y.: Orbis, 1991.
- Guder, Darrell. ed. *Missional Church: A Vision for the Sending of the Church in North America.* Grand Rapids: William B. Eerdmans Publishing Company, 1998.
- Guder, Darrell. *Called to Witness.* Grand Rapids, MI: Eerdmans, 2015.
- Hammond, Kim & Darren Cronshaw. *SENTNESS.* Downers Grove, IL: InterVarsity Press, 2014.
- Mancini, Will. *Church Unique.* San Francisco, CA: Jossey-Bass, 2008.
- Newbigin, Lesslie. *Unfinished Agenda: An Autobiography.* Grand Rapids, MI: Wm. B. Eerdmans, 1985.
- Ogden, Greg. *The New Reformation: Returning the Ministry to the People of God.* Grand Rapids: Zondervan Publication, 1999.
- Roxburgh, Alan J. & M. Scott Boren. *Introducing the Missional Church.* Grand Rapids, MI: Baker Books, 2009.
- Roxburgh, Alan J. *Missional Joining God in the Neighborhood.* Grand Rapids, MI: Baker Books 2011.
- Sine, Tom. *Mustard Seed versus McWord.* Grand Rapids, MI:

Baker Book, 1999.

- Stevens, Paul. *The Other Six Days: Vocation, Work, and Ministry in Biblical Perspective.* Grand Rapid: Regent College Publishing, 1999.
- Van Gelder, Craig. *The Ministry of the Missional Church.* Grand Rapids, MI: Baker Books, 2007.
- Van Gelder, Craig & Dwight J. Zscheile. *The Missional Church in Perspective.* Grand Rapids, MI: Baker Academic, 2011.
- http://gf21.org/gnuboard4/bbs/board.php?bo_table=gf_board2&wr_id=2
- http://blog.naver.com/ujmiso/220996185305

발제 1 송창근 목사(세뛰새KOREA 대표)

송창근 목사는 계명대학교 사학과, 총신대학원(M.div)을 졸업하였다. 경산중앙교회 청년부, 안산동산교회 청년부와 미래목회연구소 소장으로 사역하며 한국교회를 섬기는 사역을 해왔다. 현재 한국교회를 위한 사역 플랫폼 '세뛰새 KOREA' 대표와 '블루라이트강남교회' 담임목사로 사역하고 있다.

선교적 예배

블루이이트강남교회의 선교적 예배

I. 들어가는 말

'선교적 교회'에 대한 연구와 사역은 한국 교회 안에 다양하게 이뤄졌지만 '선교적 예배'라는 주제는 아직 생소하다. 선교적 예배에 대한 체계적인 신학이나 예배 사역이 전무하다. 한국 교회 안에 선교적 교회가 소개된 지 10년이 넘은 상황에서 이론적 담론을 넘어서 선교적 예배, 선교적 훈련, 선교적 소그룹, 선교적 사역 등 구체적인 각론들이 제시되어야 할 필요가 있다. 이번 강의와 논찬은 한국 교회에서 선교적 교회가 가야 할 방향을 제시하는 데 일조하게 될 것이다. 저의 목회 가운데 선교적 교회의 예배에 대한 가치와 사역을 소개한다.

II. 선교적 교회

1. 선교적 교회의 가치와 철학

선교적 예배를 말하기 전에 먼저 우리 교회가 선교적 교회를 어떻게 이해하고 있는지를 알 필요가 있다. 선교적 예배는 선교적 교회와 성도들이 드리는 예배이기 때문이다. 교회 현장에서는 성도들이 쉽게 이해할 수 있는 일상의 언어로 목회적 가치와 철학이 표현되어야 한다. 그래야 그것을 삶의 현장에서 살아낼 수 있다. 특별한 설명이 없더라도 블루라이트교회의 가치와 철학을 읽으면 우리 교회가 지향하는 것이 무엇인지 이해할 수 있다. 블루라이트교회의 예배는 선교적 교회의 비전과 사역을 예배를 통해서 성도들 모두가 경험하고, 증언하게 하는 것이다. 선교적 예배에 대한 우리 교회의 정의는 다음과 같다.

"예배를 통하여 삼위일체 하나님의 구원과 선교를 경험하고, 삶의 현장에서 선교적인 삶을 증언하는 미션 공동체로 초대한다."

2. 선교적 예배

선교적 예배라고 할 때 크게 보면 교회에서 드려지는 예배와 성도들 삶의 현장과 공동체에서 드려지는 예배가 있다.

1) 미션 공동체를 위한 SPACE

블루라이트교회의 가치와 철학은 세상 한가운데서 하나님 나라를 증언하는 제자와 미션 공동체를 세우는 것에 포커스가 있다.

2) 세상 한가운데서 드려지는 예배

블루라이트교회는 2009년 청년 8명과 함께 홍대거리에 술집을 뜯고, 복합문화 공간을 만들어서 개척을 하였다. 술집을 뜯어서 교회를 개척한 것은 지긋지긋한 건물 중심의 교회 정체성을 벗어나고 싶었기 때문이다 아무리 일상과 하나님 나라 신앙을 강조해도 성도들의 신앙은 교회 건물을 넘어갈 수 없다는 말이 있다. 특정한 장소가 아니라 우리가 사는 일상의 삶이 신앙생활이고, 예배가 될 수 있다는 것을 보여주고 싶었다. 블루라이트교회는 교회 건물이 없고, 성도들이 세상에서 늘 살아가는 장소를 주일만 빌려서 예배를 드린다. 지난 10년 동안 수많은 장소를 이동하면서 어려움도 많았지만 세상 한가운데서 예배드리고, 지속 가능하게 살아남는 우리만의 노하우를 배우게 되었다. 그런 과정을 통해 지금은 강남교회는 클래식 공연장을, 홍대교회는 밴드 공연장을 빌려서 예배드린다. 교회 사무실은 강남교회는 작은 오피스텔을, 홍대교회는 공유 오피스의 작은 사무실을 임대해서 사용한다.

3. 선교적 예배의 강조점

지난 10년간 수많은 설교와 훈련, 사역을 통해서 선교적 교회의 비전과 정신을 전달했지만 성도들에게 전달되는 데 혼란스러운 면이 많았다. 선교적 예배라는 나름의 가치와 방향을 가지고, 예배를 드리면서 많은 변화가 있었다.

1) 선교적 삶을 증언하는 예배

선교적 교회 예배의 가치와 철학을 성도들이 이해하기 쉬운 한 문장으로 담아내는 것이 필요하다. 우리 교회에서는 그것을 '하나님의 일하심을 증언하는 삶'으로 정의하였다. 코로나19가 있었던 상반기 3달 동안 '하나님의 일하심을 증언하는 삶' 시리즈 설교를 하였다. 선교적 설교도 한국 교회에서 연구되지 않은 분야다. 특별히 김명우 목사의 박사학위 논문이 많은 도움이 되었다. 설교를 통하여 성도들이 일상에서 하나님의 일하심을 증언할 수 있도록 격려하였다. 또한 목사의 설교로 그치는 것이 아니라 지난 10년 동안 해왔던 예배 중에 감사의 시간(자유롭게 한 주간의 삶을 간증하거나 기도제목을 나누는 시간), 또는 셀 모임에서 기쁜 일이든 슬픈 일이든 어떤 상황에서 하나님의 일하심을 증언하는 시간을 가지도록 격려하는 문화를 만들었다. 이를 통해 곳곳에서 살아있는 간증들이 고백되었다. 숨겨진 죄와 실수에 발목 잡혀서 힘들었던 성도들이 자신의 허물을 고백하고, 하나님을 증언하는 삶을 살기를 다짐하는 간증이 이어졌다.

코로나 기간 몇 달 동안 온라인 예배만 드리고, 소모임도 하지 못한 상황이었지만 특별한 영향을 받지 않았다. 온라인 예배를 드리면서 각기 다른 곳에서 예배하며 특송하는 모습은 큰 울림이 있었다. 우리 삶에 일어나는 어떤 일도 하나님을 향한 우리의 예배를 멈추게 할 수 없다. 코로나19 기간 중에 모이기 쉽지 않은 상황에서 목회자가 성도들을 직접 찾아가면서 자연스럽게 심방이 하나님의 일하심을 증언하는 삶을 격려하는 선교적 케어와 코칭으로 이어졌다. 예배에서 성도들이 감사의 시간을 나누고, 먼저 본을 보인 후에 새가족들에게 자신의 이름, 오게 된 경위, 예배드리면서 느낀 것을 공개적으로 나누게 한다. 익명성을 인정하지 않는다. 감사의 시간에 성도들 가운데 일어나는 리얼한 고백과 간증을 들으면서 처음 온 새신자들 가운데 신앙이 흔들리는 사람, 가나안 성도, 불신자들이 많은 도전을 받고 신앙생활을 재개하는 경우가 많다.

2) 예배와 영성... 재해석

선교적 예배는 우리가 드리는 예배와 영성을 재해석하게 한다. 성공회의 예전을 개신교 스타일로 전환하여 주일예배 때 성도들과 화답하는 '우리의 기도 & 대표 기도'를 돌아가면서 드린다. 1년에 몇 번씩 공동체 예배를 드리는데 이때는 설교 대신 공동체 렉시오 디비나와 성찬, 모든 성도들이 자신의 기도제목을 올려서 함께 기도하고, 필요에 따라 셀별 성찬도 한다. 새벽기도는 없고, 오래 전부터 큐티와 렉시오 디비나를 통하여 성도들의 매일 영적생활을 할 수 있도록 한다. 주일학교와 장년 예배의 콘셉트가 같고, 부르는 찬양도 비슷하다. 1년에 몇 번씩 통합세대 예배를 드린다. 예배 때 어린이들이 우리의 기도를 인도하기도 한다.

현대인들의 삶의 리듬에 맞게 강남에서는 주일 오후 2시에 예배를 드린다. 금요일 저녁에 출발해서 가족이나 부부끼리 여행을 갔다가 주일 낮에 도착해서 예배드릴 수도 있고, 일요일 오전에 뒹굴뒹굴하며 늦잠 자는 것도 가능하다.

선교적 찬양을 이해하기 위해서 찬양팀들이 선교적 영성과 예배에 대한 훈련을 받는 것은 중요하다. 그것을 통하여 찬양 선곡이 선교적인 삶에 초점을 많이 맞추어가고 있다.

3) 부활절 Public & Jesus

매년 4월 부활절은 개인의 고통을 넘어서 세상의 고통과 회복을 위해 온 교회가 기도하고, 헌신하는 'Public & Jesus' 행사로 진행한다. 사회 문제에 대한 설교와 영상을 보고, 소그룹에서 토론하고, 소외 계층을 위한 봉사와 후원을 한다. 사회 정의와 지역사회 봉사에 앞장서는 교회의 모습을 보여주는 것이 이 시대 교회에게 중요하다.

4. 선교적 삶과 공동체의 강조점

교회에서 드려지는 예배는 성도들의 삶의 현장과 공동체에서 현장화된다. 그것까지 이루어지는 것이 온전한 예배의 완성이다. 선교적 삶과 공동체를 세워가는 데 영국 Fresh Expressions(F/X)의 이론적 체계를 세운 Micheal Moynagh 교수의 통찰에 많은 도움을 받았다.

1) 세상 속의 제자도 3.0

블루라이트교회는 세상 한중간에서 하나님의 일하심을 증언하는 교회다. 교회 건물도 없고, 사무실만 하나 있다. 그러다 보니 교회에서 진행되는 모든 소그룹 모임, 훈련, 주중 아침 묵상 기도 모임도 카페, 공유 오피스, 사무실에서 진행된다. 정착하는 데 어려움이 있었지만 지금은 문화가 되었다. 코로나 때 현장 예배가 없어도 별로 영향을 받지 않았다. 우리는 이미 그렇게 신앙생활 하는 것이 익숙하기 때문이다.

교회의 셀도 불신자, 초신자 비율이 높기 때문에 소그룹 질문지가 없고, 한 주 삶과 예배에 대한 반응을 나누는 데 집중한다. 그래서 불신자, 초신자가 와도 셀 모임이 가능하다. 세상 한 가운데에서는 건물이 아니라 라이프 스타일이 중요하기 때문에 소그룹 생활이 모든 것이다. 블루라이트교회의 소그룹은 기술이 아니라 제자를 세우는 비전과 삶에 헌신하는 태도이다.

2) 선교적 삶을 위한 훈련

성도들이 선교적인 삶을 증언하게 하기 위해서 신앙생활에 대한 이해의 폭이 넓어져야 한다. 신앙생활에서 인간 삶의 전 여정이 하나님이 인도하시는 선교적 여정이라는 관점이 필요하다. 그렇게 될 때 삶의 모든 순간이 하나님의 일하심을 볼 수 있는 과정이 된다. 블루라이트교회는 구원의 관점과 선교적 삶을 동시에 중요시 여긴다. 자칫 선교적 여정에만 관심을 가지다보면 복음, 전도, 선교, 구령의 열정이 약해질 수 있다. 우리 교회는 신앙의 본질에 대한 기초들(복음, 성경, 교리)에 대해서는 주입식으로 강하게 가르친다. 어릴 때 습관이 되기까지는 주입식이 중요하다.

선교적 여정은 Journey Inward와 Journey Outward가 있다. 이것을 통해서 내 인생을 선교적으로 재해석하고, 성경, 독서, 성찰, 토론, 활동 등을 통하여 선교적 삶을 스스로 발견할 수 있도록 돕는다.

성도들이 삶을 건강하게 살 수 있도록 다양한 영역과 프로그램을 통하여 가르친다. 특별히 취업과 직장문제, 부부관계, 재테크와 집장만, 자녀 양육 등을 심도있게 코칭한다. 건강한 시민으로서 가져야 할 공적신앙에 대해서도 강조한다. 우리는 7가지의 핵심 가치를 가지고 있는데 특별한 것은 '환대'와 '민족'이라는 가치다. 신앙은 개인 구원과 축복, 교회 성장을 넘어서 가난하고, 소외된 사람들에게 친구가 되어 주고, 민족의 역사와 정의 문제에 적극적으로 관심을 가진다. 또한 소년·소녀 가장, 탈북 청소년들이 대학에 가서 정착할 때까지 지속적 케어를 하고 있다.

5. 복음전도: 콘셉트를 넘어 선교적 삶의 본질

복음전도는 블루라이트교회의 선교적 삶의 본질이다. 복음전도의 목적을 위해서 홍대거리에서 술집을 뜯어서 교회를 개척하였다. 우리는 기성교회 성도들이 교류하기 힘든 가나안 성도, 안티 크리스천, 성소수자, 극단적 진보주의자, 페미니스트, 아티스트 등 경계선상에 있는 다양한 사람들에게 복음을 전하고, 공동체로 초대한 경험이 있다. 복음전도는 우리에게 전도 초청 잔치처럼 콘셉트가 아니라 우리 삶의 문화로 자리 잡았다.

우리의 방식은 "와서 우리와 함께 놀자! 우리의 스토리를 들어봐! 우리와 같은 고백을 할꺼야!"이다. 그렇게 160명 이상이 예수를 직접 주로 영접하고, 고백하였다.

6. 선교적 교회를 위한 구조와 직분, Renewal

블루라이트교회의 미션에서 밝힌 것처럼, 우리는 미션 공동체이다. 하나님의 선교를 효과적으로 수행하기 위하여 전통, 형태, 조직에 얽매이지 않으며 시대에 맞게 소통하고, 변화하는 역동적인 미션 공동체를 지향한다. 교회가 선교적 교회의 미션을 지속적으로 수행하기 위하여 과감하게 변화를 시도한다.

소그룹은 기존교회처럼 나이, 지역이 아니라 삶의 리듬에 따라서 분류한다. 청년도 20대에서 40까지 다양하게 섞여 있고, 유치원 가기 전 어린아이를 둔 젊은 부부, 유치원 이후의 아이를 둔 남성과 여성, 중년 남성과 여성, 직장 맘 등이다. 청년과 부부로 넘어가는 기준도 나이가 아니라 스스로 결정하게 한다.

소그룹만으로 요즘 청년과 젊은 부부들의 필요를 채울 수 없다. 교회 안에 취미와 성향이 맞는 끼리끼리 모임을 적극적으로 장려한다. 필요에 따라 모이고, 흩어지고 부담없이 할 수 있는 다양한 팝업 모임들이 자발적으로 이뤄진다.

사회나 교회나 공동체의 리더십이 어떻게 구성되어 있느냐가 중요하다. 통합세대 교회인 강남교회의 경우 장로가 없고, 2년 임기의 운영위원회가 있는데 대표성을 굉장히 중요하게 생각한다.

셀(청년, 젊은 부부, 중년)에서 1명씩 대표자, 사역(여러 부서와 팀)에서 1명씩 대표자가 들어온다. 대표자는 각 파트에서 뽑아서 추천한다. 대표자에 청년, 여성, 부사역자가 들어오게 한다. 공동체의 리더십을 가진 사람들이 누구인가 하는 것은 교회의 정체성에 영향을 미친다. 운영위원들이 선교적 교회의 비전을 위해서 무엇을 내려놓고, 변화시킬지를 훈련해야 한다. 한국 교회 당회에 청년, 젊은 부부, 여성, 부사역자들이 들어가게 된다면 그것 자체로 혁신적인 일들이 일어날 것이다.

7. 교회와 예술 문화 컬래보레이션

블루라이트교회의 미션은 우리는 지역사회와 함께하는 교회다. 보냄받은 삶의 현장에서 지역사회와 소통하고, 선교적 삶을 살아가는 사회적인 역할과 교회의 모습을 지향한다. 교회와 예술 문화 사역이 컬래보레이션을 이룬다.

1) 공연장 지역사회와의 소통

우리는 홍대거리에서 7년간 주중에 공연장과 엔터테인먼트를 운영하고, 주일에 그곳에서 예배를 드렸다. 공연장과 엔터테인먼트 대표로 예술 문화인들과 소통하고, 문화 비즈니스와 선교를 동시에 하였다. 공연장을 운영하면서 홍대거리에서 보기 힘든 클래식 공연, 국악, 무용, 출판 기념회, 아티스트 지원 등 건전한 예술 문화 활동을 많이 소개하였다.

2) 홍대거리의 소통 장소로 자리매김

사회적 기업이나 기부, 신앙적인 모임에도 오픈하였으며 블루라이트 라이브 홀은 홍대거리에서 아티스트와 선교의 소통장소가 되었다. 지금은 공연장 운영을 하지 않고, 예술 문화 지역사회 활성화를 위한 비영리단체와 엔터테인먼트 활동을 하고 있다.

3) 지역사회와 함께하는 선교

예술 문화의 기반을 통하여 여름 선교도 일반 교회가 할 수 없는 것에 도전할 수 있었다. 청산도와 전주 지역 아티스트와 지자체와 연합하여 지역 페스티벌을 함께 열어주고, 선교도 동시에 진행하였다. 면장, 군수, 시의원, 도의원 등 지역의 리더들과 교류할 수 있었다. 노하우를 가지고, 지금은 강원도와 연계하여 지역 예술 문화 운동을 전개하려고 준비한다.

8. 모토와 비전

블루라이트교회의 모토는 교회 건물 안이 아니라 세상 한 가운데서 예수의 빛을 비추는 것을 분명히 한다. 이것은 건물 중심의 신앙에서 하나님 나라 신앙으로 전환을 의미한다. 서울의 동서남북, 6대 광역시에 '예수의 빛을 비추는 교회와 미션 공동체'를 세우는 것이 우리 교회의 비전이다. 비전에서 중요한 것은 교회론이다. 교회뿐 아니라 선교 단체처럼 한국 교회를 위한 사역들, 교회의 경계 안으로 들어오기 어려운 사람들을 위한 미션 공동체도 교회로 인정한다.

블루라이트교회는 선교적 교회의 오랜 실험을 통하여 기존 교회의 교회론과 영국의 F/X Church 교회론을 동시에 인정한다. 포스트 코로나 시대는 교회를 넘어서 미션 공동체의 역할이 중요하게 되었다.

1) 세상에 빛을 비추는 교회의 영향력

교회가 모든 것을 다 잘할 수 없다. 교회가 자신들에게 주신 하나님의 소명을 분명하게 이해하고, 최선을 다하면 세상에 영향력을 가질 수 있다. 미국에 멋지고 큰 교회들이 많지만 가장 존경받고 영향력 있는 교회는 작은 세이비어 처치다. 블루라이트교회도 크지 않은 교회지만 하나님이 우리들에게 주신 선교적 비전과 삶을 지속적으로 견지하면서 나름대로의 영향력을 가질 수 있었다.

2) 세상 한가운데로 퍼져가는 선교적 교회

지금까지 우리는 3개의 교회를 개척하였다. 우리의 비전처럼 세상 한중간에서 예수의 빛을 비추는 교회를 서울의 동서남북, 6대 광역시로 계속 퍼져 나가게 할 것이다.

3) 다양한 교회! 다양한 스타일의 미션 공동체!

현재 우리가 하고 있는 사역은 선교적 교회로서 우리의 가치와 철학, 비전이 현장화 된 것이다.

(a) Odd Eye Church(고양이의 눈 2개가 서로 색깔이 다름)

한 몸이지만 다양한 스타일의 교회

(b) 블루라이트 강남교회

어린이, 청년, 장년 통합세대의 선교적 교회

(c) 블루라이트 홍대교회

예술 문화 사역 중심의 청년교회

(d) 미션 공동체

교회 안으로 들어오기 어려운 경계에 있는 사람들의 공동체

4) 세뛰새KOREA

세대, 이념, 지역을 뛰어넘는 한국 교회의 새로운 연합 플랫폼이다. 초대형 교회가 재정을 지원하여 한국 교회를 위한 마당을 제공하고, 사역의 방향과 운영은 새로운 교회를 하는 목회자와 기성교회 목회자들이 함께하는 리더십팀들이 주관한다.

사역적 에큐메니칼을 지향하며 작은 교회와 큰 교회, 새로운 형태교회와 기성교회, 교수와 목회자, 보수와 진보, 교회와 선교단체 등 목회자들이 함께 연합하여 사역한다.

세뛰세KOREA는 플랫폼이기 때문에 독립적인 방향이 없다. 함께하는 강사와 팀들이 하는 사역이 방향성이다. 누구와도 함께 연합할 수 있다. 지금까지 한국 교회에 없던 연합이다. 여러 단체들과 다양한 협력을 해왔고, 한국선교신학회와 MOU 맺어서 교수와 목회자들이 새롭게 연합하는 모델을 만들어 가고 있다. 앞으로 더 새로운 연합의 자리를 많이 만들 것이다.

5) 한국 사회를 위한 기여

블루라이트 커뮤니타스와 엔터테인먼트를 통하여 예술 문화 지역사회 활성화에 계속 기여해 오고 있다. 크리스천 예술 문화인, 여러 교회들과 협력하여 한국 교회와 사회를 위한 프로젝트를 통하여 먹고, 놀고, 일하고, 사랑하고, 기도하며 하나님을 만나는 일들을 10여년 간 해오고 있다. 선교적 여정 찾기(Journey Inward, Journey outward) 를 불신자들도 코칭 할 수 있게 자신의 버킷리스트를 하면서 내 인생의 길을 찾아가는 일도 하고 있다.

"블루라이트교회는 내가 원하는 교회 모습은 아닐 수 있지만 지역사회가 원하는 교회가 되었다. 건물을 세울 욕심을 버리니까 모든 곳이 다 교회가 되었다."

III. 맺는말

코로나19 상황의 뉴노멀 시대를 위한 선교적 교회란 무엇인가? 성경은 예수만이 유일한 구원의 길이지만 교회와 예배에 대한 특별한 형태를 제시하지 않는다. 다만 예수의 빛을 비추는 하나된 공동체에 대한 요청이 있을 뿐이다(요 17:21-23). 신앙과 일상, 나와 이웃, 교회와 세상을 하나님이 일하시는 샬롬의 광장으로 초대하는 선교적 삶을 살아가는 공동체가 교회다. 그런 면에서 뉴노멀 시대는 우리에게 교회와 예배에 대한 새로운 방향과 모델을 요청한다.

코로나19로 인하여 함께 모여 예배할 수 없는 지금, 우리의 예배는 비대면 예배로 나아가고 있다. 부정적인 면도 있지만, 예배가 시공간을 넘어 확장되고 있다는 긍정적인 측면도 있다. 기독교 역사를 돌아보면, 하나님을 향한 예배와 세상을 향한 선교를 멈추게 하는 수많은 도전들이 있었지만 하나님의 교회는 결코 예배와 선교를 포기하지 않았다. 박해 가운데 있었던 초대교회 카타콤의 예배가 그러했고, 4세기 이후 이슬람의 혹독한 핍박 가운데서 시리아 정교회와 콥트 정교회도, 공산당 정부의 박해 속에서 중국과 북한의 지하교회들이 하나님을 예배하는 일과 복음을 전하는 일을 결코 멈추지 않았다.

약 2000년간 지속하였던 대면 예배가 코로나19로 인해 이제는 유형의 공간을 넘어 무형의 공간으로, 지역의 한계를 넘어 성령 안에서 한 몸으로 하나님을 예배하고 있다. 세상의 모든 창이 닫혀도, 삼위일체 하나님을 믿는 믿음과 세상 끝까지 교회를 통해 믿는자들을 세상으로 보내시는 성부 하나님의 약속이 있는 한 우리의 예배와 선교는 결코 멈추지 않을 것이다. 그것이 바로 선교적 예배다.

발제 2 고형욱 목사(꿈꾸는교회)

고형욱 목사는 중앙대학교(B.A.), 장로회신학대원(M.Div.), 동대학원(Th.M.)을 졸업하였다. 사역으로는 영락교회(교육전도사), 인도견습선교사, 온누리교회(전임전도사, 부목사), 소망교회(부목사)에서 사역했고, 현재는 꿈꾸는교회 담임목사로 섬기고 있다.

선교적 양육

선교적 교회의 훈련과 사역

Ⅰ. 교회 개척을 시작하면서

다른 목사님들이 개척할 때는 쉽게 보이고, 내가 개척하면 금방 많은 사람들이 모여들 것이라고 생각합니다. 그런데 그것은 착각입니다. 그 이유는 부교역자로 사역할 때 대부분의 교회는 시스템을 가지고 있습니다. 그러기에 누가 하더라도 그 만큼의 결과물은 만들어 낼 수 있습니다. 그건 그 목회자의 능력이 아니라 시스템의 능력이기 때문입니다.

그러기에 정작 내가 교회를 개척하려고 하면 제대로 아는 것이 하나도 없음을 알게 됩니다. 더 구체적으로 말하면 내 손에 그 어떤 무기도 가진 것이 없다는 것을 알게 됩니다. 그 교회에 있을 때는 내가 가지고 있는 것이 시스템의 힘으로 의미가 있어 보이지만, 교회를 나오면 그것이 무척이나 평범하고, 누구나 할 수 있는 것임을 알게 됩니다.

그러면 어디에서부터 시작해야 할까요? 교회 개척을 어디에서부터 준비해야 할까요? 재정이 필요하고, 사람이 필요하고, 장소가 필요하고 등등 모두가 맞는 말이지만, 이런 것들을 집중해 버리면 정작 교회의 본질과 의미를 놓치게 됩니다.

2020년 전 세계는 코로나19로 인해 급격한 변화를 겪고 있습니다. 우리나라도 예외는 아니며, 특별히 한국 교회의 변화는 그 무엇과 비교할 수 없을 정도로 큽니다. 앞으로 한국 교회는 코로나 이전과 이후로 구분될 수 밖에 없는 상황이 되었습니다. 코로나 이후의 교회는 코로나 이전의 교회와 같을 수 없게 되었습니다. 다를 수밖에 없고, 달라야 합니다. 그렇다면 어떻게 해야 할까요? 결국 '본질'로 돌아가야 합니다.

Ⅱ. 개척을 준비하면서 던져진 첫 질문

교회를 개척하기로 결정하고 나서 가장 근본적인 질문부터 던지기 시작했습니다. 개척한다는 것은 일반 사람들의 표현으로 말하면 창업한다는 것인데, 창업하려면 팔아야 할 아이템이 명확해야 합니다. 그래야 방향과 수단이 정리가 되기 때문입니다. 개척을 준비하면서 던진 첫 질문은 바로 이것이었습니다.

'교회란 무엇인가?'
여러 가지 책과 자료를 통해서 정리할 수 있었던 것은 '교회는 복음을 고백하는 공동체'였습니다. 그렇다면 또 한 가지 질문을 던지게 됩니다. 무엇일까요?

'복음은 무엇인가?'
늘 배워왔던 것이고, 설교하면서 늘 말하던 것이기에 이 질문에 대해 쉽게 답을 할 줄 알았는데, 쉽게 답할 수 없었습니다. 말이 장황해지고, 말을 하면서도 내 자신도 무슨 말인지 모르겠는 겁니다. 더 심각한 것은 복음은 GOOD NEWS인데 저는 그 복음이 하나도 기쁘지 않았습니다. 기뻐야 한다는 것은 알았지만 전혀 기쁘지 않았습니다.

그때 비로소 알았습니다.
나는 '복음'이 무엇인지도 모르고 목회를 했구나.
'복음'이 무엇인지도 모르고 사역을 했구나.
'복음'이 무엇인지도 모르고 설교를 했구나.

그러면서 지나온 시간 속에서 제 고민과 염려와 걱정의 본질이 모두 드러났습니다. 설교를 할 때도 두려웠고, 사람들을 만날 때도 어색했고, 무엇을 가르쳐야 할지, 무엇을 알려줘야 할지, 무엇을 말해

줘야 할지 고민했습니다. 모든 고민의 본질은 제가 '복음'이 무엇인지 몰랐던 겁니다. 그러기에 무엇을 해야할지도 몰랐던 것이지요.

교회를 개척하려고 시작하면서 저는 멘붕에 빠져 버렸습니다. 그 이유는 제 교회의 기초가 되는 복음이 사라져 버렸기에 어떻게 해야 할지 그 방향성을 잃어버렸습니다. 그래서 다시 시작하기로 결정했습니다. '복음이 무엇'인지부터 다시 고민하고 다시 찾아가기로 결정했습니다.

교회 개척의 첫 시작은 다름 아닌 '복음이 무엇인가'에 대한 질문과 공부에서부터 시작했습니다. 머리로 아는 복음이 아니라 삶으로 아는 복음을 어떻게 풀어갈 수 있는지 고민하고, 실제로 성경공부를 하면서 그것을 교재로 만들었습니다. 접근방법은 기독교가 중심이 되어서 일방적으로 설명하는 것이 아니라, 복음을 만나는 사람의 삶에서부터 시작하여 복음 앞으로 나아가도록 교재를 준비했고, 계속 공부를 하면서 수정 보완을 했습니다.

Ⅲ. 교회의 본질

과거에는 한국 교회가 한국사회보다 앞서 있었습니다. 문화적으로, 경제적으로 앞서 있었기에 교회가 세상에 해 줄 수 있는 것이 많았습니다. 문화도, 예술도, 봉사도, 모든 분야에서 앞서 있었습니다. 그런데 지금은 그렇지 않습니다. 모든 분야에서 교회 밖이 더 잘합니다.

저희 교회는 강남 테헤란로에 위치하고 있습니다. 교회 앞에 현대백화점 무역센터점이 있습니다. 성탄절이 되면 크리스마스 트리를 장식하는데 얼마나 아름다운지 모릅니다 시간대별로 색상이 바뀌고 장식도 너무나 아름답게 해놨습니다. 반면 저희 교회 성탄트리는 예수님 오실 때와 거의 흡사한 분위기가 있습니다. 아주 겸손하고 아주 낮은 마음의 트리입니다. 교회가 잘하던 것을 이제는 교회 밖이 더 잘합니다. 멋지게 아름답게 더 규모있고, 더 체계적으로 더 잘합니다.

그러기에 이 시대가, 이 세상이 교회에 묻는 겁니다. "너는 도대체 무엇을 줄 수 있니?"

교회 밖은 교회가 왜 필요한지 모릅니다. 교회의 존재이유를 모릅니다. 특별히 코로나 시기를 지나면서 한국 교회가 세상 가운데 존재이유에 대해 비난을 받는 상황까지 되었습니다.

교회가 교회 밖에게 줄 수 있는 것이 무엇일까요? 바로 '복음'입니다. '복음'은 이 세상 그 누구도 전해줄 수 없는 소식입니다. 오직 예수 그리스도의 십자가로 세워진 교회만이 전해주고 나눠줄 수 있습니다.

그렇다면 교회를 세워가면서 여러분은 바로 이 '복음'을 준비하셨습니까?

Ⅳ. 꿈꾸는교회의 양육

17세기에서 18세까지 진행된 계몽주의는 종교를 사적인 영역으로 한정 지었습니다. 과학과 이성에 맞지 않은 종교는 사적인 영역에 한정 짓고 공적인 영역에서 논의되지 못하게 했습니다. 그 결과 종교생활은 개인의 영역, 그리고 교회의 영역으로 규정되었고, 그 영향이 지금까지 지속되고 있습니다.

그러기에 교회에서의 양육은 대부분 '교회생활'에 한정되었습니다. 교회생활을 잘하는 것이 신앙생활을 잘하는 것이라고 생각했습니다. 그러면서 자연스럽게 나타난 것이 교회 밖 세상과의 단절입니다. 자연스럽게 교회는 '성'을 쌓고 자신들만의 세상을 만들어가고, 교회와 세상과의 삶을 이중적으로 바라보며 살아가게 되었습니다. 바로 그 결과가 지금의 모습입니다.

이러한 고민 가운데 꿈꾸는교회는 GOOD NEWS STUDY와 BIBLE STUDY를 기초로 해서 LIFE STUDY를 진행합니다. 쉽게 말하면 성경을 기초로 해서 삶의 자리에서 잘 살아낼 수 있도록 양육하는 겁니다.

1. GOOD NEWS STUDY – 복음나눔

GOOD NEWS STUDY는 복음을 중심으로 양육합니다. 교회를 한 번도 다녀보지 않은 사람들, 기존에 교회 생활을 했던 사람들을 대상으로 복음에 대한 기초부터 시작합니다.

꿈꾸는교회 양육에 대한 이해

GOOD NEWS STUDY	BIBLE STUDY	LIFE STUDY
복음나눔 (Pre-STEP, STEP1, STEP2, 양육자반)	성경알아가기 (구약성경스케치, 신약성경스케치 등)	나를 사랑하기 (사랑의 5가지 언어, 부부학교, 부모학교 등)
부분	전체	통합
개인	사회	삶
나에 대한 이야기	하나님에 대한 이야기	내면에 대한 이야기
개인의 삶에 대한 이해	사회와 시대에 대한 이해	개인과 관계에 대한 이해

Pre-STEP 복음나눔은 교회를 한 번도 다녀보지 않은 사람들을 대상으로 합니다. 철저하게 초신자의 언어와 초신자의 관점에서부터 시작하며 복음의 의미가 무엇인지까지 접근합니다. 총 3과로 이루어져 있으면 1과에서는 도형심리학을 통하여 자신의 삶을 이해하게 하고, 2과는 그렇게 살아온 삶을 성경으로 해석을 해줍니다. 3과에서는 지금까지 살아온 삶과는 다른 삶을 복음으로 설명을 해줍니다. 신앙생활에 대한 큰 그림을 그려줍니다.

복음나눔 STEP1은 Pre-STEP을 마친 분들, 또는 기존에 신앙생활을 했던 분들을 대상으로 하며, 더 깊은 내용으로 접근을 합니다. 총 4과로 이루어져 있으며 1과에서는 자신이 가진 하나님에 대한 오해를 찾아가고, 2과에서는 자신이 무엇을 위해 살아왔는지를 되돌아보게 합니다. 1-2과를 통하여 자신이 살아온 삶을 이해하게 합니다. 3

과에서는 그러한 삶의 본질을 성경을 통해서 드러내며 내 존재 자체가 '죄인'이라는 것을 보게 합니다. 4과에서는 그러한 답 없는 인생을 하나님이 어떻게 풀어내셨는지를 복음을 통하여 설명하고, 어떻게 살아가야하는지를 나눕니다.

복음나눔 STEP2은 Pre-STEP, STEP1, 복음나눔 양육자 과정을 마친 분들을 대상으로 하며, 구체적으로 복음을 누리며 사는 삶이 무엇인지를 나눕니다. 총 8과 16번의 만남을 가지면서 복음의 내용을 더 깊이 나누며, 그것을 내 삶에 어떻게 적용하며 살아가야 하는지, 또한 내가 구체적으로 살아가야 할 영역과 모습은 무엇인지를 나누게 됩니다.

꿈꾸는교회가 지금까지 오게 된 이유는 바로 복음나눔 때문이었습니다. 특별한 행사가 없음에도 불구하고 복음을 나누면서 변화를 경험하는 이들이 친구와 주변 사람들을 교회에 데리고 오면서 세워진 교회입니다.

복음나눔은 삶의 모습에서부터 시작해서 성경으로 접근하게 하며, 다시금 삶의 자리로 다가가게 합니다. 복음나눔을 하면서 개인의 삶이 회복되고, 가정이 회복되고, 삶의 자리가 회복됩니다.

교회는 교회를 위한 모임과 행사가 아니라 복음으로 훈련하며 양육하며, 다시금 삶의 현장에서 살아가도록 돕는 겁니다. 그래서 꿈꾸는교회는 주중 사역이 거의 없습니다. 그 이유는 복음을 알아가면서 자신의 가정, 직장, 학교에서 치열한 영적싸움을 이미 하고 있기 때문입니다.

지금은 이런 복음나눔 양육을 교회 성도들이 진행하고 있습니다. 내 입술로 복음을 고백하며 다른 사람들과 나누기 시작할 때, 나에게도 진정 복음이 되며, 더 깊은 복음을 누리며 살아가기 때문입니다.

2. BIBLE STUDY – 성경공부

다른 양육은 BIBLE STUDY입니다. GOOD NEWS STUDY가 개인에 초점을 맞췄다면, BIBLE STUDY는 하나님 나라의 관점으로 사회와 세상에 초점을 맞춥니다. 성경을 중심으로 세계 역사와 연관해서 교육을 합니다. 크게 2가지 기초과목이 있습니다. 하나는 '성경알아가기', 다른 하나는 '성경스케치'입니다.

'성경알아가기'는 하나님 나라 관점으로 성경 전체에 대한 개관을 공부합니다. 성경의 전체 주제를 '하나님 나라'를 바탕으로 4가지 구조, 7가지 이야기, 15시대로 구분해서 성경의 전체적 틀을 보게 합니다. 또한 성경을 기초로 세계 역사에 관한 큰 흐름을 보도록 돕습니다. 그러면서 성경 가운데 우리의 위치가 어디이며, 어떻게 살아내는 것이 하나님 나라를 살아가는 것인지를 함께 나눕니다.

'성경스케치'는 '성경알아가기'를 좀 더 세분해서 구약성경스케치와 신약성경스케치로 나눕니다. 성경의 전체 주제를 '하나님 나라'를 바탕으로 4가지 구조, 7가지 이야기, 15시대로 구분하고, 이것을 좀 더 세분해서 구약을 28가지 주제, 신약을 17가지 주제, 총 45가지 주제로 구분해서 공부를 합니다.

BIBLE STUDY는 성경의 큰 흐름을 배우고, 기독교세계관의 관점으로 세계역사를 바라보도록 합니다. 이런 과정은 공부하고, 시험을 보면서 외울 수 있도록 돕고, 이것을 기초로 성경묵상 등 더 심화 된 공부를 할 수 있도록 합니다.

3. LIFE STUDY - 인생공부

GOOD NEWS STUDY와 BIBLE STUDY를 기초로 LIFE STUDY를 진행합니다. 그 이유는 복음과 성경을 기초로 할 때 우리의 삶이 건강하게 세워지기 때문입니다. LIFE STUDY는 다양한 주제로 진행이 됩니다. 수치심, 나를 사랑하기, 핵심감정, 부부학교, 부모학교, 비전학교 등을 진행하면서 복음과 성경으로 삶을 잘 살아낼 수 있도록 돕습니다.

V. 교회학교의 양육

개척교회가 가장 고민이 되는 것은 바로 교회학교입니다. 요즘 세대들은 교육을 위해서라면 교회를 옮기는 것도 불사하고, 교육을 위해서라면 교회도 나올 수 있습니다. 그만큼 교육이 중요한 이슈입니다. 그렇다면 교회학교는 어떻게 세워져야 할까요?

저희 교회 스태프들에게 제가 하는 말이 있습니다. “교회학교 부흥시켜려고 하지 마라. 왜냐하면 아이들이 많은 게 교육에 좋지 않다! 주신 아이들 잘 양육하면 된다."

아이들 양육과정이 좋으면 젊은 부모들은 오게 됩니다. 자연스럽게 교회부흥과 연결되게 됩니다.

교회학교의 양육은 성인양육과 구분될 수 없습니다. 그래서 큰 틀은 동일하게 유지합니다. 영아부는 부모교육을 중심으로 이뤄지고, 유치부는 성경의 15시대를 중심을 인물과 성품으로 배우고, 아동부는 성경의 15시대와 45가지 주제를 배우고, 청소년부서는 성경의 15시대, 45가지 주제, 그리고 세계역사를 배우게 됩니다.

유치부부터 조금씩 성경 전체의 내용을 확대하고 매년 반복하면서 가르칩니다. 아이들에게 세부적인 내용이 아니라 하나님 나라의 큰 틀을 갖도록 도와주는 겁니다. 청소년 부서부터는 3년마다 유럽 서부, 미국 동부, 아웃리치를 가게 합니다. 아이들이 세계사를 통해 배운 것들을 실제로 경험하고 볼 수 있도록 돕는 겁니다.

다른 하나는 교회학교는 교역자가 아니라 평신도 '간사' 체제입니다. 복음으로 훈련받은 평신도들이 '간사'로서 교회학교를 담당합니다. 교역자의 경우는 변동도 많고, 목회철학을 공유하는 시간이 많이 걸리지만, 평신도들은 그대로 훈련을 받기에 오히려 목회철학을 공유하고 나누는 것이 더 수월합니다. 그러기에 저희 교회는 평신도 간사들이 모든 부서를 담당하고 부서마다 2-3명의 간사그룹들이 있습니다. 매년 담당할 간사를 정하고, 그 간사를 중심으로 한 해가 진행됩니다. 그리고 그것을 총괄하는 목사님이 계시는 구조로 만들었습니다.

교사진을 구성할 때도 시험을 봅니다. 시험에 떨어지면 교사를 할 수 없습니다. 이것이 가능한 이유는 교회 양육 프로그램을 그렇게 훈련시켰기 때문입니다. 그러기에 교사들이 성경에 대한 기본적인 이해를 가진 상태에서 학생들을 양육하기에 더 좋은 콘텐츠를 가지고 아이들을 양육할 수 있습니다.

Ⅵ. 복음의 가치를 교회 채워가기

중요한 것은 '복음'을 교회 공동체의 핵심가치로 뿌리내리게 하는 것이 중요합니다. 그러기에 교회에서 진행되는 것들이 있을 때는 그것이 '복음'의 가치와 맞는지 맞지 않는지를 먼저 고민하고 기도합니다. 예를 들면, 개척하고 첫해에 전도잔치를 했습니다. 그런데 그 다음 해부터는 하지 않았습니다. 그 이유는 교회를 위한 행사는 하지 않기로 한 겁니다. 그 행사가 복음을 위한 것인지, 영혼을 위한 것인지 함께 고민하면서 결국 그것은 교회를 위한 행사라는 결론이 내려졌기 때문입니다, 언제 시간이 지나서 영혼을 향한 것이라는 마음이 주어지면 그때는 하겠지만, 첫해 이후로 지금까지 전도잔치는 하지 않았습니다.

헌금을 드리는 것도 '무기명'으로 합니다. 연말정산이 필요하신 분들은 헌금봉투 뒤에 주민번호를 쓰지만 저는 보지 않습니다. 아니 알고 싶지 않습니다. 1만 원 내는 성도와 10만 원 내는 성도가 있다면 저는 10만 원 내는 성도를 좋아해 줄 목사이기 때문입니다. 그러기에 아예 알지 않습니다. 헌금을 훈련시켜야 하지만, 그것은 하나님과 성도와의 관계이기 때문에 목사가 인위적으로 개입하는 것은 좋지 않기 때문입니다.

눈에 보이는 형태는 이런 모습으로 나타나지만, 교회의 진행되는 모든 것들을 복음의 가치 위에서 정돈하고 돌아보는 겁니다. 그리고 맞지 않다면 과감히 버리고 포기하는 것도 필요합니다. 오직 복음만이 교회의 중심이 되도록 세워가는 노력이 필요합니다.

Ⅵ. 마무리를 하며

어려운 시대를 살아가고 있습니다. 모여야 하는 교회는 코로나19로 인해 모이지 못하면서 더 깊은 고민을 하게 되었습니다. 교회는 왜 존재해야 하는지, 교회는 무엇을 해야 하는지, 앞으로 교회는 어떻게 해야 하는지에 대해서 말입니다.

그런데 돌아보면 교회를 향한 주변 상황은 늘 좋지 않았습니다. 기독교 초기에는 고난과 핍박으로 어려움을 겪었고, 기독교가 국교인 시기에는 타락과 변질로 인해 어려움을 겪었고, 이성과 과학의 시대는 배척당했고, 포스트모던 시대에는 본질적인 가치와 싸움을 해야 했습니다. 이런 어려운 상황 속에서 풀어가는 답은 결국 '본질'에 있습니다.

교회는 무엇인가?

교회는 왜 존재해야 하는가?

교회는 무엇 때문에 존재하는가?

바로 이러한 본질적인 고민을 할 때 비로소 새로운 시대를 풀어낼 길을 보게 될 겁니다.

발제 3 정삼희 목사(신도중앙교회)

정삼희 목사는 서울대학교 수의학과(D.V.M.)와 감리교신학대학교 신학대학원(M.Div.)을 거쳐, 미국 웨슬리신학대학원(M.T.S./D.Min.)을 졸업하였다. 샬렘영성훈련원(Shalem Institute)와 영성형성학교(Academy for Spiritual Formation) 등의 영성 훈련 프로그램을 수료하였다.
주안감리교회, 워싱톤감리교회, 만나교회에서 부담임목사로 사역하였고, 현재 신도중앙교회 담임목사로 섬기고 있다.

선교적 사역

단순하고 느린 교회(Simple & Slow Church)

Ⅰ. 메가 처치는 어떻게 선교적일 수 있는가?

서울특별시 은평구 진관동, 은평뉴타운에 자리잡은 신도중앙교회를 담임하고 있는 정삼희 목사입니다. 저는 2019년 4월 28일, 신도중앙교회에서의 사역을 시작한 초보 담임목사입니다. 오늘 저는 지난 1년 4개월 동안 저와 교회에서 있었던 일들을 '선교적 사역'이라는 키워드를 염두에 두면서 간략하게 말씀드리려고 합니다.

신도중앙교회 담임목사로 부임하기 전 저는 분당에 있는 만나교회의 사역기획팀장으로 섬겼습니다. 만나교회에서의 사역 후반부 제가 품고 있었던 질문, 그리고 제게 주어진 과제는 이 한마디로 요약될 수 있었습니다.

“Can a mega-church be missional?” (메가 처치가 선교적일 수 있는가?)

저는 제가 섬기던 만나교회 담임목사님의 목회철학과 그 목회철학이 구체적인 사역으로 나타나는 과정에서 “메가 처치도 선교적일 수 있다”고 믿게 되었습니다. 그리고 저는 앞의 문장에 한 단어를 넣어 질문을 바꿨습니다.

“How can a mega-church be missional?” (메가 처치는 어떻게 선교적이 될 수 있는가?)

비록 한 사람의 부담임목사였지만, 저는 제가 총괄하고 있던 국내외 선교사역이 선교적 교회의 정체성에서 구현되는 본질적인 선교사역이 되도록 노력했습니다. 그러다가 교회는 제게 분립개척을 제안했습니다. 저는 어떻게 하면 대형교회의 분립교회가 성경적이고, 선교적이며, 공동체적이고, 지역사회 친화적이며, 교회를 향한 시대적 소명에 부합할 수 있는가를 고민하며 분립개척 T.F와 함께 1년 반 정도를 준비했습니다. 학교 강당을 빌려, 건물을 소유하지 않으면서 이주민들과 함께 하는 사역을 기반으로 한 공동체를 시작할 준비를 하던 중 만나교회는 분립개척을 무기한 연기합니다. 대형교회의 분립교회가 그 지역 교회 생태계에 미칠 부정적인 영향을 교회가 매우 중요하게 고려하게 되면서 이루어진 결정입니다. 이제 나이 오십에 이른 부담임목사로서 저는 좌절된 분립개척을 뒤로하고, 개척과 기존 교회 청빙 과정 등 여느 목사들과 비슷한 과정을 경험하게 됩니다.

2019년 1월 어느 날, 저는 전혀 모르던 목사님으로부터 전화를 받습니다. 본인이 은퇴하는 교회에 담임자로 오면 좋겠다는 제안이었습니다. 신도중앙교회는 이제 보편적으로 받아들여지는 공개 청빙의 형식을 취하지 않았습니다. 몇 가지 일들이 있었지만 간단하게 말씀드리면, 신도중앙교회는 저의 간단한 이력서 한 장과 두세 페이지짜리 자기소개서만으로, 직접 불러서 설교를 시키지도 않고, 인터뷰도 하지 않고, 교인 가운데 누구도 저와 전화 한 통화도 하지 않은 채 저를 7대 담임목사로 확정하게 됩니다.

Ⅱ. 신도중앙교회, 2019년 4월

약 1년 전, 제가 첫 설교를 할 때 신도중앙교회의 상황입니다.

- 1971년 10월 5일 창립된 교회입니다. 제 나이와 교회 나이가 같습니다.
- 전임목사님께서는 그 교회에서 25년간 목회하신 후 정년퇴직하시면서 초대 원로목사로 추대 받으셨습니다. (원로목사로 추대되신 후 교회를 떠나셨습니다. 1년 후 돌아오신다고 하셨는데, 아

직 돌아오지 않고 계십니다. 후임 목사가 소신 있게 목회할 수 있도록 청빙 과정부터 최선을 다해 주신 고마운 분입니다.)

- 부임하면서 등록교인이 아이들 포함해서 150명 정도라고 들었습니다. 제가 첫 설교를 하던 날 주일 오전 장년 예배 인원은 100명 정도였습니다.
- 교회는 10년 전 은평뉴타운에 종교 부지를 받아 성전을 건축했습니다. 하지만 건축 후 기대와는 달리 양적 성장을 하지 못했고, 당시 연간 예산의 약 5배의 부채를 가지고 있었습니다.
- 교회는 예배와 설교 중심의 전통적 교회였습니다. 특히 선교사역은 별도의 선교부 없이 원로목사님께서 선교사와 기관에 선교비를 직접 보내시는 수준이었는데, 교인들은 그 내용을 전혀, 정말 전혀 알고 있지 못했습니다.

담임 목회를 시작하는 많은 목회자가 그렇듯이 저는 나중에 바꾸더라도 우선 저의 목회 철학을 담은 표어를 하나 만들어 가는 것이 좋겠다고 생각했고 그 표어를 이렇게 정했습니다.

"일상에서 예수 따라 사는 사람들, 마을과 더불어 사는 공동체"

저는 흔히 교회를 평가하는 소위 3B, 교인 수(Bodies), 예산(Budget), 교회 건물(Building)로 스스로를 평가하지 않는 목회를 꿈꿔 왔습니다. 저에게는 교인들 몇 명이 교회에 모여 어떤 활동을 하는지가 중요하지 않았습니다. 교회의 구성원들이 어떤 종교적 실천을 하는 것보다 일상에서, 세상에서 얼마나 예수의 제자로 살아가느냐가 저에게 중요한 질문이었습니다. 또한 저는 제가 섬기는 교회가 지역사회와 함께 하는 공동체가 되기 원했습니다. 이 표어는 그 고민과 기도를 담고 있었습니다.

Ⅲ. 선교적 사역, 선교적 성경 해석

만나교회라고 하는 대형교회의 부담임목사를 담임목사로 청빙한 교인들의 기대는 무엇이었을까요? 아주 단순하게 일반화시키면 교회가 성장하는 것이었습니다. 교인들이 늘어나서, 부채를 청산하고, 활발한 사역을 하는 것이겠지요. 원로목사님께서 특히 임기 말기에 남녀선교회, 성가대 등의 조직을 모두 없애버리신 상태였고, 교육과 선교사역도 미미했기 때문에 교인들의 이런 기대는 당연한 것이었습니다. 하지만 저는 교회가 무엇인가를 만드는 것보다 없애는 것이 훨씬 어렵다는 사실을 잘 알고 있었기 때문에, 섣불리 어떤 조직과 사역을 만들기보다는 제가 교회를 이해하고, 기초를 닦는 시간을 갖고 싶었습니다.

제가 규정하는 담임목사의 중요한 정체성 가운데 하나는 'Resident Theologian', 즉 그 교회에 상주하는 신학자로서의 역할을 수행하는 것입니다. 저는 선교적 사역은 튼튼한 선교적 신학과 성서 해석을 기반으로 해야 한다고 믿습니다. 그래서 설교를 통해 교회의 선교적 본질에 관한 질문들을 계속 나누었습니다. 교인들에게 자주 이렇게 물었습니다.

- 모두가 우리 교회가 성장하기를 원하고 계십니다. 그러면 우리 교회가 6~80대초 채워지기 원하는지, 3~50대로 채워지기 원하십니까? 여러분의 결정에 따라 저는 목회 방향을 정하겠습니다.
- 우리는 지금 이 자리에 계신 분들만을 고려해서 찬양을 선곡하고 설교해서는 안 됩니다. 지금 이 자리에는 없지만, 앞으로 이 공동체에 참여하게 될 사람들을 대상으로 찬양을 선곡하고, 설교를 준비해야만 합니다.
- 우리 교회가 만약 지금 이전을 하거나, 사라지게 된다면 이 지역에서 아쉬워할 사람이 있을까요? 그렇다면 도대체 하나님은 왜 이 지역에 이 교회를 세우셨을까요?

그렇게 우리 교회의 선교적 본질에 관한 고민을 교인들과 공유하면서 '선교적 해석학'을 담은 설교 시리즈를 진행했습니다. 주일 오전은 지난 10년간 강해 설교가 진행되어왔기 때문에 그 흐름에 변화를 주기는 어려웠고, 주일 오후 설교에 크리스토퍼 라이트의 '하나님의 선교'를 기반으로 한 설교를 통해 성경을 선교적으로 읽어나가는 시도를 했습니다.

- 주일 오후 청중의 대다수가 60~80대였기 때문에 '이해하기 어렵다'는 반응이 많이 있었지만, 저는 제 목회에 있어서 이 부분을 다루지 않고는 다음 과정으로 진행하기 어려웠기 때문에 저를 위해서라도 이 설교를 진행해야만 했습니다.
- 어르신들은 오히려 버텨주셨는데, 전임 목사님과 신학적 결이 다른 제 설교와 목회 방법론에 동의하지 않는 젊은 세대가 교회를 떠나기도 했습니다. 목회자들이라면 다 겪는 과정이지요.

우선 기존의 전도사역을 모두 중단했습니다. 노방 전도를 일주일에 두 차례 했고, 부활절에는 부활란, 추수감사절에는 과일을 이용해서 주변 상가와 아파트 단지에 전도사역을 하고 있었는데 모두 중단했습니다. 우리가 추구하는 전도사역과 방향성이 맞지 않았기 때문입니다. 교인들도 그동안 이 전도의 효과가 없었다고 판단하고 있었기 때문에 쉽게 중단할 수 있었습니다.

그러면서 국내외 선교사역에 관심 있는 성도들을 모집해서 선교팀을 구성하였습니다. 4주에 걸친 선교학교를 진행했고, ① 이주민 사역과 ② 해외 목회자 양성 사역, 그리고 ③ 지역의 도움이 필요한 공동체와 함께 하는 사역, 이 세 가지를 중점 사역으로 확정했습니다. 저는 사역을 목회자가 제안하고 주도하기보다는 교인들 스스로가 사역을 구상해내기를 기다렸습니다. 그 지역을 저보다 더 잘 알고 계신 교인들이 지역에 필요한 사역을 찾아내어 주도적으로 사역하기를 기대했습니다. 사실 저희 교인들이 그동안 주도적으로 사역을 한 경험이 거의 없어서 이 과정은 더뎠고 코로나로 인해 멈춰 서게 되었습니다. 하지만 감사하게도 이주민 노동자들에게 마스크를 모아 전달하는 일을 선교부에서 제안해서 진행했고, 그 과정에서 지역 이주민센터와 좋은 관계를 맺고 동역을 준비하고 있습니다.

결국 그 공동체가 선교적 정체성을 가지고 있는 것은 예산 사용으로 증명이 됩니다. 그래서 교회 재정의 10퍼센트를 선교비로, 즉 교회 밖으로 흘려보내겠다고 결정했습니다. 건축 부채가 많아서 기본 경상비와 건축 이자를 내고 나면, 예산 10퍼센트는 사실상 원금을 상환할 수 있는 여력의 전부였습니다. 교인들이 문제가 아니라, 제가 두려움을 극복해야만 했습니다. 하지만 지금 코로나로 인한 어려움에도 교회는 선교비를 예산보다 더 많이 집행하고 있습니다.

아울러 교회의 의사 결정 과정을 민주적으로 바꾸어나가고, 재정을 투명하게 공개하고, 소통을 강화해 나가고 있습니다.

Ⅳ. 단순하고 느린 교회

코로나19로 인해 저희 교회도 모든 것이 멈춰 섰습니다. 그리고 저에게 포스트 코로나, 위드 코로나(With-Corona)는 곧 교회가 선교적 본질을 회복하는 일을 서둘러야 한다는 강한 자극이 되었습니다. 마침 취임 1년을 맞이하면서 저는 교회 표어를 이루기 위한 하나의 슬로건을 더 발표합니다. 대략 이런 부분들을 고려하면서 단어들을 선택했습니다.

- 저희 교회는 지금 세 그룹의 교인들로 구성되어 있습니다. 원로목사님과 10~30년을 함께 하고 새 담임목사를 맞이한 교인들, 원로목사님 임기 후반에 우리 교회에 출석하시다가 새 담임목사 취임 후 등록을 결심한 교인들, 그리고 제가 부임한 이후에 출석하기 시작해서 등록한 교인들, 아니 네 그룹이네요. 예배만 드리면서 등록을 고민하는 교인들까지, 이 그룹들의 공통분모가 무엇인지를 고민했습니다.
- 은평뉴타운에 13개 교회 가운데서 우리 교회의 포지셔닝을 어떻게 해야 할지를 고민했습니다. '백종원의 골목식당'이라는 프로그램이 가르쳐준 '상권을 살린다'는 개념이 큰 도움이 되었습니다.
- 저와 아내에게 주신 목회 철학, 소명과 은사가 무엇인지를 깊이 고민했습니다.

그 결과 저는 우리 교회가 '일상에서 예수 따라 사는 사람들, 마을과 더불어 사는 공동체'가 되기 위해 추구해야 할 모델을 다음과 같이 교회에 선포했습니다.

"단순하고 느린 교회" (Simple & Slow Church)

우리 교회는 선교적 본질에 집중하는 단순한 교회, 패스트푸드(fast-food)와 같은 편리와 속도를 추구하는 교회가 아니라 안식과 영적 형성(spiritual formation)을 추구하는 느린 교회가 되려고 합니다.

그래서 교회 전체가 모이는 예배와 다양한 사역 조직을 늘려나가기보다는 가정과 속회(소그룹)를 중심으로 하는 교회가 되려고 합니다. 선교부는 스스로 사역을 하는 조직이라기보다는 가정과 속회가 선교 사역을 수행하도록 돕는 조직으로 규정했고, 다음세대사역 역시 어린이, 청소년들을 직접 양육하려고 하기보다는 가정이 양육의 자리가 되게 하는 사역을 수행하는 움직임을 시작했습니다. 그 첫걸음으로 청소년 예배를 장년 예배와 통합합니다.

제가 담임목회를 시작할 때 상식처럼 갖고 있던 선입견이 있었습니다.

- 요즘 교인들은 더 큰 교회로 몰리는 경향이 있다. 그런데 지금 저희 교회에 등록하시는 분들은 대부분, 사실상 전부 저희보다 큰 교회에서 오시는 분들입니다.
- 타교단에서 감리교회로는 좀처럼 이동하지 않는다. 그런데 지금 저희 교회에 등록하시는 분들은 거의 대부분 타교단에서 오시는 분들입니다.

저희의 생각은 단순합니다. 은평뉴타운에서 단순하고 느린 공동체가 필요한 분들만 우리 교회에 참여하시면 됩니다. 다른 교회론을 추구하시는 분들은 다른 교회로 가시면 됩니다. 그러면 모두가 상생할 수 있을 거라고 기대합니다.

최근 저는 저희 교회 전도사님께 개척을 제안했습니다. 이분은 올가을 한국독립교회선교단체연합회(Kaicam) 안수를 준비하고 계십니다. 저는 이분께 우리 교회 건물과 자원들을 이용한 개척을 제안했습니다. 온라인을 기반으로 개척하고, 우리 교회와 건물을 공유하면서 교회를 개척하는 방식입니다. 초기 단계에서 이분이 우리 교회 사역을 병행하면서, 임대료 걱정 없이, 기본 생활비까지 지원받으면서 교회를 개척할 수 있을 거라 생각했고 장로님들의 구두 동의를 얻었습니다.

그리고 교회 이름을 바꾸려고 합니다. 현재 '신도중앙'이라는 이름은 '신도읍'에 있는, '신도제일교회'에서 분립한 교회여서 갖게 된 이름인데, 이제 새로운 지명과 시대, 우리 교회의 사명에 더욱 적합한 이름이 필요하다는 새가족들의 제안이 있었습니다. 이름을 바꾸는 과정이 코로나로 위축된 우리 공동체가 그 선교적 본질을 새롭게 하는 과정이 되기를 기대하고 교인들과 기도하며, 좋은 생각들을 모으고 있습니다.

이제 2년차 초보 담임목사. 본래도 목회를 어떻게 해야 할지 모르는 사람인데, 코로나로 인해 더 심각하게 길을 잃은 것 같습니다. 목회를 어떻게 해야 할지 모르겠습니다. 그저 근근히 하루하루 한 주한 주 버텨냅니다. 그래도 제게는 꿈이 있습니다. 단순하고 느린 교회로서 일상에서 예수 따라 사는 사람들, 마을과 더불어 사는 공동체로 성숙해 가는 우리 교회를 향한 꿈입니다.

Part_2
Comments and Encouragement

2부

논찬

논평과 격려

논찬 1 최동규 교수(서울신학대학교)

최동규 교수는 서울신학대학교(신학), 숭실대학교 대학원(서양철학), 호서대학교 대학원(실천신학)을 거쳐 미국 Fuller Theological Seminary에서 교회성장학으로 철학박사학위(Ph.D.)를 취득하였다. 한국선교신학회 회장을 역임하였고, 현재 서울신학대학교 실천신학 교수, 교회성장대학원 원장, 현대목회연구소 소장으로서 한국교회의 갱신과 성장을 위해 힘쓰고 있다.

한국적 선교적 교회의 자리매김

- 논찬 1 -

Ⅰ. 들어가며

한국에 선교적 교회에 관한 이론들이 전파된 지도 벌써 수십 년이 지났습니다. 그동안 많은 학자들이 선교적 교회에 관해서 말을 하였고, 많은 목회자들이 선교적 교회를 구현하기 위해서 노력했습니다. 이제 나름대로 그 시간이 무르익어 지난 세월 동안 한국 교회에서 이루어진 선교적 교회 운동을 정리하고, 성찰하고, 새로운 발전을 위해 논의해야 할 때가 되었습니다.

이러한 배경에서 세 분의 목회자들로부터 선교적 교회의 구현에 관한 목회 이야기를 들을 수 있게 된 것은 무척 기쁘고, 감사하고, 고무적입니다. 특히 세 분이 영역을 달리하여 한 분은 예배에 관하여,

한 분은 양육에 관하여, 한 분은 기존 교회에 부임하여 교회를 변화시켜 나가는 과정에 관하여 말씀해 주신 것이 의미 있다고 생각합니다.

또한 본 논찬자는 한국에서 이루어지는 선교적 교회에 관한 논의와 실천이 다소 사회적, 공적 실천에 관한 쪽으로 정향되는 듯하고 목회적 차원에서의 논의가 부족하여 균형을 잃고 있다고 생각하고 있었습니다. 이런 상황에서 세뛰새KOREA에 의한 세 분의 발표는 매우 시의적절한 것으로 보입니다.

현장에서 이루어지는 선교적 교회의 실천은 각각 다양한 상황과 여건 속에서 이루어지기 때문에 쉽게 그 공과를 단언하기가 어렵습니다. 이미 신학적으로도 각 지역교회가 완전하고도 아름다운 교회로서 존재한다는 것은 충분하게 입증된 바가 있습니다. 실천은 하나님의 다양한 백성들이 움직이고 활동하는, 그야말로 유기체적 생명이 약동하는 과정이므로 그 자체로 귀한 것입니다. 이런 점을 다시 한 번 상기하면서 논의의 발전을 위해 몇 마디 말을 보태고자 합니다.

Ⅱ. 송창근 목사의 선교적 예배에 관하여

송창근 목사님의 발표는 블루라이트교회에서 어떻게 선교적 예배를 실천하고 있는지에 관해서 다루고 있습니다. 이미 교계에서 실험적인 교회 개척 사례로 잘 알려진 블루라이트교회는 "블루라이트교회가 이해하고 지향하는 선교적 교회의 비전과 사역을 예배를 통해서 성도들 모두가 경험하고, 증언하게 하는 것"을 선교적 예배로 정의하고 있습니다. 이와 같은 선교적 교회의 예배는 예배 처소에서 드려지는 예배와 성도들의 삶의 현장에서 드려지는 예배로 구분됩니다.

블루라이트교회의 예배는 그 교회가 홍대거리에 술집을 뜯고 복합문화 공간을 만들어서 개척을 했다는 점에서 이미 선교적 의미를 드러내고 있습니다. 하나님의 일하심을 증언하는 삶과 선교적 삶을 증언하는 예배의 상호작용은 설교와 감사의 시간, 우리의 기도, 성찬을 통해 구현됩니다.

아쉬운 점은 교회의 다른 영역들에 관해서 서술하기보다는 "선교적 예배"에 관해 더 많은 지면을 할애하였더라면 좀 더 풍성한 이해와 논의가 가능하지 않았을까 싶었습니다. 예배와 선교의 관련성에 관한 송 목사님의 이해가 궁금하며, 그것들이 예배의 각 구성요소(설교, 기도, 성찬, 헌금 등)와 어떻게 연결되는지에 관해서도 듣고 싶습니다.

Ⅲ. 고형욱 목사의 선교적 양육에 관하여

고형욱 목사님은 처음 교회를 개척할 때부터 '교회란 무엇인가?',

'복음은 무엇인가?'라는 주제를 놓고 고민하였습니다. 그것은 고스란히 꿈꾸는 교회의 양육 방향에 녹아 있습니다. 꿈꾸는 교회의 양육은 (1) 존재(being)를 훈련하는 양육, (2) 영적 성숙이 정서적 성숙이 되는 양육을 추구합니다. 양육의 구체적인 과정은 (1) Good News Study(복음나눔), (2) Bible Study(성경공부), (3) Life Study(인생공부)로 구분됩니다. 교회학교의 양육 커리큘럼도 매우 신선했습니다.

꿈꾸는 교회의 양육 구조를 살펴볼 때 양육 체계가 단순하면서도 잘 짜여 있다는 느낌을 받았습니다. 특히 Good News Study가 개인에게 초점을 맞추고 있는 반면에 Bible Study는 하나님 나라의 관점으로 사회와 세상에 초점을 맞추고 있다는 점이 새롭게 다가왔습니다. 다만 아쉬운 점이 있다면 세 번째 인생공부에서 다루는 영역이 여전히 개인과 가족 중심에서 벗어나지 못하고 있다는 것입니다. 최근에 사회적 영역에 대한 그리스도인들의 공적 참여가 강조되고 있다는 점을 고려하면 좀 더 균형 잡힌 양육 커리큘럼을 만들기 위해서 사회적, 공적 영역에 대한 제자도를 강조하는 것이 필요해 보입니다.

더 나아가 양육 과정에 좀 더 적극적인 사회적 활동과 사역에 관한 내용이 포함되었더라면 하는 아쉬움이 있습니다. 이미 오래전부터 신자들의 신앙 성장을 위한 양육 과정에 개인의 구원과 경건, 직접적인 신앙 활동뿐만 아니라 하나님의 선교에 참여하는 다양한 사역에 대한 이해와 은사, 사역 등에 관한 내용을 포함하는 것이 일반화되어 왔습니다. 진정한 선교적 교회를 세우기 위해서는 하나님의 나라와 하나님의 선교 개념에 기초한 사역 개발 프로그램이 중요하다. 이런 유의 논의는 선교적 교회론을 말할 때 'missional'의 의미, 범위와도 깊이 관련되어 있습니다. 개별적인 그리스도인들과 지역 교회들이 선교적이기 위해서는 어떤 모습이어야 하는가? 어떤 성품을 가져야 하며, 어떤 사역을 해야 하는가? 그 범위는 어디까지인가?

한 가지 궁금한 것은 정서적 성숙에 대한 개념 이해입니다. 꿈꾸는 교회에서는 이 부분이 무척 강조되고 있는 것 같은데, 좀 더 자세한 설명을 들을 수 있으면 좋겠습니다.

Ⅳ. 정삼희 목사의 단순하고 느린 교회에 관하여

영역들을 포괄적으로 다루고 있습니다. 굳이 특정한 영역을 지적하라고 한다면 '기존 교회'가 선교적 교회로 변화해 가는 교회 갱신 또는 목회 갱신에 관한 내용이라고 말할 수 있을 것입니다. 본 발제는 정 목사님의 부임, 그리고 그 이후 신자들의 의식을 변화시키기 위한 강단 사역, 침착하고도 신중하게 신자들의 의견을 물으며 한 발짝씩 앞을 향해 나아가는 과정을 잘 묘사해 주고 있습니다.

부임한 지 얼마 되지 않았지만, 신도중앙교회에서 목사님이 일으킨 변화는 매우 크다고 할 수 있습니다. "일상에서 예수 따라 사는 사람들, 마을과 더불어 사는 공동체"라는 표어는 선교적 교회론이 지향하는 바를 이중적으로 잘 표현하고 있습니다.

또한 선교적 교회에 관한 정 목사님의 인식이 인상적입니다. 목사님은 '단순하고 느린 교회'를 선포하였습니다. 이것은 지나치게 목표 지향적인 교회 성장의 요구를 넘어서 본질적이고 성경적인 교회가 되고자 하는 바람의 표현일 것입니다.

부임한 뒤 담임목사의 정체성을 'Resident Theologian'으로 규정하고 실천한 것 또한 매우 훌륭한 인식이라고 할 수 있습니다. 주일 설교 사역을 통해서 선교적 해석학의 원리를 사용한 것도 선교적 교회론에 대한 정확한 이해로부터 나온 것으로 보입니다. 사역보다 앞서 신자들의 인식을 바꿔놓기 위해 성경을 근거로 차근차근히 풀어가는 목사님의 마인드가 돋보입니다. 그러면서도 선교팀을 구성하여 신자들이 하나님의 선교에 동참하게 만드는 일도 하였습니다.

다만 발제를 들으면서 두 가지 질문이 생겼습니다.

1. 표어가 매우 훌륭해 보이는데, 그것을 이루기 위해 어떤 노력을 하고 있는지, 물론 모든 내용이 서로 연관되어 있는 것이 사실이긴 하지만, 좀 더 직접적으로 이 과제를 이루기 위한 실천들은 무엇인지 궁금해졌습니다. 일상에서 예수를 따라 살게 하려고 어떤 목회적 노력을 하고 있는가? 교회가 마을과 더불어 사는 공동체가 되기 위해 어떤 목회적 노력을 하고 있는가?

2. 이런 일들을 이루기 위해서 일반적으로 양육과 훈련 과정이 동반되기 마련인데, 신도 중앙 교회는 이와 관련해서 어떤 노력을 하고 있는지 궁금합니다.

세 분 목사님들의 훌륭한 목회를 들여다보면서 많은 도전과 감명을 받았습니다. 이 땅에 복음주의적 관점에서의 선교적 교회 운동이 필요하다고 생각해 온 논찬자의 입장에서 볼 때 세 분의 목회는 매우 중요한 사례가 될 수 있다고 믿습니다. 앞으로 이런 노력들이 더 확산되어 이 땅에 새로운 변화의 바람이 일어나기를 기대해 봅니다.

논찬 2 정승현 교수(주안대학원대학교)

정승현 교수는 충남대학교(B.A.), 장로회신학대학교(M.Div.), 그리고 미국 풀러신학교(M.A., Ph.D.)를 졸업했다. KPCA 총회파송선교사로 인도네시아 자카르트타신학교(STFT Jakarta)에서 사역했다(2008-2010). 현재 주안대학원대학교 선교학 교수로 봉직하고 있다.

한국적 선교적 교회의 자리매김
- 논찬 2 -

꿈꾸는교회, 블루라이트교회, 그리고 신도중앙교회에서 목회하시는 세 분의 헌신과 노력 위에 삼위일체 하나님의 은혜가 가득하시기를 기도드립니다. 코로나19로 인해 그 어느 때보다 목회가 어려운 시대에 살고 있습니다. 오늘의 논찬이 목사님들의 사역에 조금이나마 보탬이 되기를 기대합니다.

선교적 교회 운동은 서구에서 크리스텐덤(Christendom)의 전통적인 교회의 한계점을 극복하기 위해서 시작되었습니다. 주지하는 바와 같이, 이 운동은 북미에서 GOCN(The Gospel and Our Culture Network)을 중심으로 2000년대 초반에 매우 활발히 진행되었습니다. 그러나 20여 년이 지난 지금 서구에서는 선교적 교회에 대한 논의가 예전처럼 활발하지 않습니다. 여러 가지 이유가 있겠지만, 저는 그것이 크리스텐덤 신학의 견고함 때문이라고 생각합니다.

오늘날 서구는 물론이고 국내의 대부분의 신학교에서 가르치고 배우는 신학은 크리스텐덤 시대의 유산으로 형성된 것입니다. 삼위일체 하나님의 본성은 선교로서 그 세 위격(Persons) 안에서 보냄(sending)과 보냄받음(being sent)의 충돌이 일어나지 않고, 태초부터 하나님께서는 이 땅에 사람, 천사, 말씀, 일용할 양식, 구원을 보내실 것을 약속하셨으며, 그 약속을 신실하게 지키셨습니다. 특별히 모든 인류의 유일한 구원자이신 예수 그리스도께서는 하나님께서 선교사이심(missionary God)을 몸소 보이셨습니다.

그러나 이러한 하나님의 선교적 성품은 크리스텐덤의 신학과 교회에서는 거의 다루어지지 않았습니다. 서구의 일부 학자들과 목회자들이 선교적 교회를 주창했지만, 신학교의 커리큘럼이 변하지 않는 상황에서 이미 결론은 어느 정도 예견되어 있었습니다. 누구보다도 크리스텐덤의 장구한 역사와 그 유산을 잘 알고 있었던 선교적 교회의 주창자들은 오늘날의 서구 교회 문제가 단지 조직을 개편하거나 혹은 새로운 프로그램을 시작하는 것으로 해결될 수 없음을 운동 초기부터 분명히 했습니다.

오늘날 한국의 여러 교회들이 크리스텐덤의 전통적 교회를 탈피하여 선교적 교회의 비전을 가지고 나아가고 있습니다. 꿈꾸는교회, 블루라이트교회, 그리고 신도중앙교회도 그 가운데 있습니다. 매우 기쁘고 감사한 일입니다. 이 땅에서 선교적 교회를 소망하는 한 사람으로서 한두 가지 제안 드립니다.

첫째, 언급한 바와 같이, 선교적 교회는 단순히 지역 교회의 사안이 아니고 1500년 이상 서구 세계를 지배했던 크리스텐덤과의 관계임을 인지해야 합니다. 그러므로 선교적 교회로의 갱신은 절대로 단시간에 프로그램을 통해서 완성되지 않습니다. 이것은 매우 뿌리가 깊은 문제이므로 충분한 시간을 갖고 진행하셔야 합니다.

둘째, 20세기 후반 선교학에서 '뜨거운 감자'는 상황화(contextualization)이었습니다. 이 이론에 관해 많은 논의들이 있었는데, 2000년 초반에 윈터(Ralph Winter) 박사가 상황화와 비견하여 탈상황화(de-contextualization)를 주장했습니다. 즉 서구 선교사들은 본인들이 주장하는 복음이 크리스텐덤 시대를 거치면서 1세기 기독교와는 너무나 다르게 상황화되었음을 깨닫고, 복음을 선포하기 전에 서구 방식의 복음을 탈상황화해야 한다는 것이었습니다. 선교적 교회의 비전을 가지고 있는 우리들에게도 유익한 적용이 될 수 있을 것입니다. 우리가 받았던 신학 교육과 지금도 매일 접하는 신학 서적에 얼마나 많은 크리스텐덤의 유산이 담겨있는지를 생각한다면, 선교적 교회를 위해 우리의 신학과 목회가 탈상황화 되어야 할 필요가 있습니다.

다시금 꿈꾸는교회, 블루라이트교회, 그리고 신도중앙교회에 삼위일체 하나님의 은혜가 가득하여 교회가 날마다 갱신되고 성장하기를 기도드립니다.

Part_3
United

3부

토크쇼

새로운 도전을 위한 하나됨

토크쇼 황병배 교수 진행

참가자

최동규 교수, 정승현 교수,

송창근 목사, 고형욱 목사, 정삼희 목사

한국적 선교적 교회의 자리매김

- 토크쇼 -

황병배 교수(사회자)

코로나 바이러스 재확산에 따라 2단계가 발령이 되어서 개인적인 발제를 할 때는 마스크를 쓰지 않고 했습니다. 토크쇼에는 다섯 분이 모두 연단에 올라오셔야 하기에 마스크를 쓰고 진행하도록 하겠습니다.

아까 말씀드린대로, 선교적 교회에 대한 담론이 세계적으로 확산이 되어서 한국 교회에 영향을 주기 시작한 것은 2000년대 초반입니다. 한국의 선교 신학자들에 의해서 선교적 교회론이 시작이 되었고, 한국 교회 목회자들이 선교적 교회에 많은 관심을 가지게 되었습니다. 그러나 선교적 교회가 무엇인지에 대한 정확한 정의나 연구 없이 과거의 교회 성장학과 자연적 교회 성장학 이론의 대체로 선교적 교회론이 인식되고 있다는 한계도 있습니다. 하지만 동시에 한국적 상황에서 선교적 교회론이 조금은 어설프지만 새롭게 시도되고 있다고 하는 것은 굉장히 고무적인 일입니다. 그것이 벌써 수년에 걸쳐서 경험되어지고, 쌓여왔습니다. 그래서 오늘처럼 선교적 교회의 예배가 어떻게 되어야 할 것인지, 선교적 교회의 훈련과 사역 이런 문제까지 우리가 논의할 수 있는 수준에 이르렀다라고 생각이 됩니다. 지금 온라인으로 세미나에 참석하는 분들이 많이 계신 줄로 아는데 온라인에서도 질문이 있으신 분들은 카톡방에 질문을 남겨주시면 답을 해드리도록 하겠습니다.

오늘 발제해 주신 세 분 목사님, 그리고 논찬해 주신 두 분 교수님이 함께 자리하셨는데요. 온라인으로 들어온 질문 하나를 두 분 선교신학자들께서 답해주시고, 다음 논의로 넘어가도록 하겠습니다. 질문 내용은 이런 것입니다.

질문 : 현재 한국의 선교적 교회에 대한 인식은 기존의 교회 성장을 위한 새로운 전략, 돌파구 마련을 위한 대안적인 모델의 하나인 것 같습니다. 기존의 교회 성장이 아니라고 강조하지만 어쩔 수 없이 그런 쪽으로 흘러가는 것 같습니다. 상황이 이렇게 된 이유는 선교적 교회 운동을 촉발시킨 신학적 담론을 위한 고민들이 내재화되기 이전에 실질적인 모델을 찾는 단계로 너무 급히 넘어간 것 때문

이라는 생각이 듭니다. 선교적 교회 운동은 당장 써먹기 위한 실용적인 패러다임이라기보다는 교회론에 관한 새로운 신학적 접근이라고 보아야 할 것 같습니다. 따라서 그 안에서 논의되는 신학적 담론들을 배우고, 익히고, 내재화하는 과정이 실질적인 모델이나 전략을 세우는 것보다 더 중요하지 않나 생각합니다. 이런 점에서 보았을 때, 현재 한국에서 진행되는 선교적 교회 운동에 대한 평가 및 앞으로의 방향에 대한 조언을 부탁드립니다. 특별히 개척보다는 기성교회 안에서 선교적 교회의 실현 혹은 전환을 생각하는 목회자에게 좋은 말씀을 부탁드리겠습니다.

황병배 교수(사회자)

최동규 교수님께서 먼저 말씀해 주시고, 추가로 정승현 교수님께서 말씀해 주시면 좋겠습니다.

최동규 교수

좋은 질문이라고 생각됩니다. 그런데 생각하는 바가 다를 수 있겠지만, 저도 선교적 교회론이 교회 성장학과 선을 그으려고 하는 의도를 잘 알고 있습니다. 교회 성장에 대한 논의를 충분히 공부를 해보면, 교회 성장학에 담겨있는 선교적 정신을 좀 더 잘 이해한다면, 얼마든지 교회 성장학과의 연계성도 가질 수 있다고 저는 생각합니다. 다른 한 편으로 선교적 교회론이라고 해서 실용적인 내용들을 빼놓고 말할 수 있겠는가? 구체적인 목회적인 전략과 방법을 무시할 수 있겠는가? 인간의 삶이라는 게 여러가지 측면을 종합적으로 고려해야 하는데 그런 점에서 지나치게 또는 왜곡된 방식의 이해는 지양해야 한다고 봅니다. 선교적 교회론도 제가 볼 때는 완전하지 않은 측면이 있습니다. 전통적으로 가지고 있었던 맥가브란의 교회성장론 이후에 여러가지 논의에서 진정성에 대한 것을 잘 가려서 활용한다면 상호보완적으로 작용할 수 있다는 것이 저의 생각입니다. 또 하나는 기존 교회가 선교적 교회로 전환하는 것이 중요한 이슈 중에 하나라고 생각을 합니다. 그런 측면에서 정삼희 목사님께서 경험에서 우러난 실제적인 이야기를 더 많이 해 주시면 좋겠구요. 목회자의 목회철학, 교회 지도자의 인식의 전환 문제, 각 교회가 처해있는 여러가지 상황적 요소들을 충분히 고려하고, 시간적이 여유를 가지고, 과정을 중시하면서 전환해나가는 지혜가 필요하다고 생각이 듭니다. 제일 중요한 것은 정삼희 목사님께서 말씀하셨듯이 기술적인 측면보다 영성이 훨씬 더 중요합니다. 영성이 기술보다 앞서야 건강한 선교적 교회가 될 수 있습니다.

정승현 교수

질문해 주신 의도를 저도 충분히 동감하고요. 담론이 부족한 상태에서 어떤 모델들을 찾기 위해서 노력이 많이 있어 왔다는 것에 동의하는 부분이 있고요. 그런데 최 교수님께서 말씀해 주셨지만, 현장을 떠나서 신학적으로 신학교 안에서 담론을 이야기하는 것이 한계가 있기 때문에 신학적인 담론을 해 나가는 과정에도 시행착오가 있다고 생각을 합니다. 그러면서 오히려 이론이 더 공고해질 수 있고, 그런 상황을 통해서 계속해서 발전을 해 가는 것이죠. 그래서 저희가 10여년 선교적 교회 운동이 지나가면서 거칠어진 논의들이 차분해지고 있다고 긍정적으로 볼 수 있겠습니다. 새로운 교회를 이야기하는 것도 중요하지만 전통교회가 선교적 교회로 전환되는 부분에 대해서 더 많이 이야기를 해야 된다고 봅니다. 그런 면에서 제가 논찬할 때도 말씀드렸지만 모든 교회가 보편적으로 드리는 예배부터 시작해 보면 어떨까라는 제안을 드린 것입니다. 아까도 말씀드렸지만, 지금의 교회환경이 크리스텐덤이라는 역사적인 유산 가운데서 진행되어 왔기 때문에 급한 마음에 1-2년에 어떻게 될 수 없다는 것을 감안하고 진행하시면 될 것 같습니다.

황병배 교수(사회자)

이 부분에 대해서 송창근 목사님이 말씀해 주시면 감사하겠습니다.

송창근 목사

방금 질문에 대해서 저는 목회자 입장에서 말씀을 드리고 싶어요. 선교적 교회에 대한 접근이 교회론에 대한 근본적인 재고와 깊은 숙고가 있어야 합니다. 최 교수님께서 그렇게 말씀해 주셔서 감사한데 목회자는 신학적 담론도 있어야 하지만 늘 사역 현장과 맞닥뜨려 있기 때문에 그것을 삶으로 살아내고, 목회로 전달해야 하는 부담과 책임이 있거든요. 선교적 교회의 담론이 엇박자가 나온 가장 큰 이유는 지난 10여 년 동안 신학적인 담론과 목회 현장의 담론이 각자 따로 진행되었다는 데 있습니다. 신학적 검증과 현장 목회의 교류가 필요하지만 쉽지 않았고, 현장 목회자들도 외국의 선교적 교회에 대한 단편적인 책 몇 가지를 보고, 선교적 교회에 대해 판단할 수 밖에 없게 된 것이죠.

저도 두 분 교수님의 논찬을 통해서 격려 받은 것도 있고, 선교적 교회를 하면서 어떤 가치들이 중요한 본질인지를 다시 한번 깨닫게 되었습니다. 이런 담론을 통해서 목회자들이 신학적이고, 본질적인 담론을 잊고 있었구나! 생각하게 되었습니다.

다음 질문도 저는 동일한 관점에서 생각합니다. 한국 교회에서 선교적 교회라고 하면, 새로운 교회를 하는 쪽에서 이야기하는 선교적 교회와 기존 교회나 중대형 교회에서 선교적 교회를 말하는 입장의 차이가 큰 것 같습니다. 또 하나는 교수님 중 한 분이 논찬도 그렇게 하셨지만, 에큐메니컬 진영에서 선교적 교회를 보는 것과 복음주의에서 바라보는 선교적 교회가 다른 것 같아요. 어느 방향이 진정한 선교적 교회인지 헷갈릴 때가 있습니다. 그러다보니 선교적 교회라고 할 때 자기의 신학적, 목회적 그라운드 안에서 이해한 선교적 교회가 정답인양 그것과 다르다고 생각하면 전체를 부정하는 경향도 있습니다. 어떤 담론이 성숙하려면 그 담론을 누구와 어떤 방식으로 나누냐가 중요합니다. 과거 한국 교회를 보면 분파적 경향이 강합니다. 학자는 학자끼리, 목회자는 목회자끼리, 보수, 진보, 에큐메니칼, 중대형 교회, 새로운 교회 등 각자의 그라운드에 맞는 사람들과 소통하고, 네트워크를 합니다. 그런 모습들이 선교적 교회에도 그대로 드러나는 것 같아서 아쉬워요.

이 부분에서 신학자들의 네트워크인 선교신학회와 목회자들의 네트워크인 세뛰새KOREA가 함께 협력하는 것은 굉장히 중요한 의미가 있습니다. 이번에 사례 발표를 하신 목회자들을 보면, 저와 고형욱 목사님은 새로운 교회를 하는 분이고, 정삼희 목사님은 기존 교회를 목회하는 분입니다. 선교적 교회를 하지만 처한 상황과 방향이 다릅니다. 또한 세 사람의 공통점은 모두가 건강한 기존의 중대형 교회에서 부사역자로 오랫동안 사역을 했습니다. 나름대로 한국 교회를 많이 이해하고 있습니다. 그래서 선교적 교회를 말할 때도 새로운 교회, 기존 교회를 구분하지 않고 포용할 수 있는 여유의 공간들이 있지 않나 생각합니다. 세 목회자들이 속한 교단도 감리, 통합, 합동 다 다릅니다. 기조 강연과 논찬을 해 주셨던 교수님들도 감리, 성결, 통합 세 분이 달라요. 학자와 목회자 모두가 서로 다른 입장에서 특정 교단이나 입장이 아니라 보편적인 한국 교회를 소중히 여기고, 걱정하는 마음으로 함께 발제하고, 논찬하고, 토론한 것입니다. 한국 교회라는 보편성 안에서 각자의 신학과 경험을 나누는 다양성이 하모니를 이뤄서 한국적인 선교적 교회의 방향과 모델을 찾아가고 있는 거죠. 선교적 교회의 신학과 모델도 중요하지만 이것을 구현해내는 방식이 분파적이 아니라 하나님의 선교를 표현하는 선교적인 커뮤니케이션이 되어야 합니다. 선교신학회와 세뛰새KOREA 포럼이 2년째 협력해서 이런 담론을 이끌어내고 있는데요. 바라기는 이런 걸음들이 한국 교회에 보다 성숙한 담론을 가져다주는 또 하나의 마중물이 되기를 바랍니다.

황병배 교수(사회자)

네 감사합니다. 선교적 교회 자리매김이라는 주제로 제가 올해 두 번째 이 모임을 가지고 있는데요. 사실 이 모임 시작은 작년에 회장이셨던 최동규 교수님과 총무이셨던 유근재 교수님이 제안을 하시고, 애써 주셔서 세뛰새KOREA와 함께 1회 연합 포럼을 가지게 된 것입니다. 작년에 굉장히 호응이 좋았고, 피드백도 좋았습니다. 올해도 많은 사람들이 기대를 하고 있는데요. 올해는 선교적 교회의 각론으로 들어가서 한국적 선교적 교회의 예배는 어떤 유형들이 있느냐? 제자훈련, 선교 사역은 어떠해야 되느냐 구체적으로 살펴봤습니다. 우리 학회의 이름이 한국선교신학회인데요. 오늘 포럼을 진행하면서 이런 정신으로 진행하는 학회야말로 진정한 선교적 학회가 아닌가 생각합니다. 또 이렇게 해야 한국 교회에서 선교적 교회가 무엇인지 보다 보편적인 정의를 내릴 수 있습니다.

선교적 교회를 보여 달라고 하면, 송 목사님께서 말씀하신 대로 스펙트럼이 넓기 때문에 너무나 다양한 선교적 교회가 공존합니다. 한국 교회의 문제가 뭐냐 하면 내가 하는 것만이 선교적 교회라고 주장하면, 과거 전통 신학과 전통 교회들끼리 서로 다투었던 것과 별반 다른 것이 없다는 것이죠. 우리가 진정한 선교적 교회를 한국 교회에 토착화시키려면, 먼저 우리가 인정해야 할 것이 선교적 교회의 정의는 분명하지만 유형은 다양하다고 인정하는 것에서부터 시작되어야 합니다.

오늘 학회가 뜻 깊다 생각을 하고요. 세 분의 발제에 대해서 두 분의 신학자께서 논찬을 해주셨는데 고형욱 목사님, 정삼희 목사님 순으로 논찬하신 분들이 질문하신 내용을 인지하고 계실텐데요. 그 내용에 대해서 답을 해 주시고, 하나 더 추가한다면, 선교적 교회를 이야기할 때 놓치지 말아야 할 것이 전통 교회입니다. 선교적 교회의 예배와 선교적 훈련, 선교적 사역이 전통 교회의 패러다임과 어떻게 다른지 언급해주시면 좋겠습니다. 먼저 고형욱 목사님께서 말씀해 주시죠.

고형욱 목사

최동규 교수님께서 논찬해주신 내용이 너무 정확하게 짚어 주셔서 이 부분 역시도 목회하는 현장의 고민과 설명이 필요한 것 같습니다. 교회가 처음 시작해서 진행될 때 한번에 모든 것이 다 될 수는 없습니다. 아이들이 자라가는 과정을 보면 똑같은 과정을 겪게 됩니다. 그러니까 교회 중심적으로만 자라왔던 사람들이 그들의 시선을 일상의 삶의 자리로 옮겨가게 하는 중간 과정이 필요합니다. 결국 신앙은 삶의 자리에서 살아가는 것인데 교회에서 모든 것을 다 해 줄 수 없으니까 중간 과정을 밟고 있다는 생각을 하고요. 교수님께서 말씀해 주신 것처럼 사회적 공적 영역에서 제자됨을 강조하는 부분은 신앙의 본질적인 요소들이 자리를 잡아가면서 시간이 가면서 점차 더 많은 집중을 하고, 신경을 써야 한다고 생각합니다.

또 하나의 영역은 아까도 이 부분에 대해서 말씀 드렸듯이 Doing과 Being에 대한 이야기 입니다. 왜 이게 문제가 되느냐 하면, 삶의 자리에서 Doing을 멋지게 감당하는데 결정적인 순간에 Being이 옥석을 가립니다. 무슨 말이냐면, Being에 대한 준비가 없는 상태에서 Doing을 하다보니까 무언가를 만들고, 이룰 수 있을지는 모르지만 결정적인 순간에 영적 현실이 삶에서 드러나는 것이죠. 사회적, 공적 영역을 잘 감당한다고 하더라도 그것이 신앙의 본질 안에서 정돈되지 않으면 결국에는 그 일들을 하는 것 자체가 무너져 버릴 수 있다는 것이 가장 큰 고민입니다. 그것을 훈련 할 수 있는 곳은 교회 공동체밖에 없습니다. 두 가지 고민을 다 해야 하는 것 같습니다. 교회와 성도들이 영적으로 동시에 세워져가면서 본질은 변함없이 계속 가르쳐야 하고, 또한 그것이 사회적, 공적 영역까지 적용되도록 인도해야 합니다. 교회와 성도들의 성숙해가는 상황을 지켜보면 본질과 공적 영역의 비율을 적절하게 적용하는 것이 목회자의 과제요, 고민인 것 같습니다. 그런 면에서 저희 교회는 아직 신앙의 본질에 좀 더 많은 신경을 쓰고 있습니다. 교수님께서 말씀해 주신 것처럼 두가지 영역이 균형있게 발전하기 위해서 디자인을 하는 것을 해 보겠습니다.

황병배 교수(사회자)

양육에 대해서 말씀해 주셨는데, 전통 교회에서의 양육과 선교적 교회에서의 양육의 가장 큰 차이점이 있다면 무엇일까요?

고형욱 목사

제가 부사역자로 사역했던 교회들은 대부분 전통 교회였고, 대형교회도 있었습니다. 그런데 동일하게 이야기하는 본질은 하나입니다. 교회 생활입니다. 교회에서 신앙생활 잘하는 것이 전부이지, 실제 삶의 자리에서 어떻게 살아가야 하는지에 대해 풀어갈 방법이 없는거죠. 전통 교회에서 사역하는 부분 중 힘들었던 것이 교회와 삶의 자리를 연결해 줄 수 있는 교회의 양육 자체가 없다는 것이죠. 목회자의 스피릿이 중요합니다. 교회가 세워져가면서 선교적 양육이 중요한 이유는 실제로 교회에서 훈련받고, 양육 받은 모든 내용들이 내가 살아가는 삶의 문제와 얼마나 연관이 있냐는거죠. 여기서 훈련되는 마음과 자세, 태도와 생각이 내가 있는 가정, 직장, 학교와 삶의 자리에서 동일하게 살아낼 수 있도록 돕는 것, 그것이 선교적 양육을 만들어갈 때 가장 중요한 Key Point라고 생각합니다.

황병배 교수(사회자)

정삼희 목사님께서 선교적 사역에 대해 말씀해 주셨는데 논찬에 대해 응답해 주시고, 전통적 교회에서 사역과 선교적 교회에서 사역의 가장 큰 차이가 무엇인지 말씀해 주시기 바랍니다.

정삼희 목사

질문 첫 번째는 구체적인 어떤 노력을 하고 있는지 물어보셨는데요. 마을과 더불어 사는 공동체가 되기 위해서 저희 교회는 마을 공동체들과 연결을 시도하고, 관계를 맺어가는 과정에 있습니다. 예수를 따라 산다는 것은 끊임없이 말씀을 통해서 소통하면서 근본적으로 소그룹이 서로를 잘 지탱해 주고, 지원해 줄 수 있는 장이라고 생각을 합니다. 작년 말에 몇 년 동안 고정되어 있던 소그룹 구조를 개편을 했고요. 올해 리더들과 전체 교인들에게 소그룹에서 어떤 일이 일어나야 하는지에 대해서 집중적으로 가르치기 시작하다가 코로나를 만나서 모이지 못하고 있어요.

저는 대안 공동체나 수도원 영성에 대해 관심이 많다고 말씀을 드렸는데요. 개인의 삶에서 자신의 일상을 설계하기 위한 삶의 원칙들이 중요합니다. 내가 얼마만큼 예배를 드릴 거고, 어떻게 성경을 읽을 거고, 내 돈을 어떻게 사용할 거고, 내 시간을 어떻게 사용할 거고, 내 재능과 은사가 있다면 어떻게 사용할지 몇 개의 카테고리를 정하게 합니다. 그것을 소그룹들을 통해 쉐어하고, 공유하고, 만들어서 서로 격려해 주면서 일상의 삶을 어떻게 예수를 따라 살 수 있을

지 도와주고, 지탱해 줄 수 있는 모임이 되게 하는 거죠. 또한 가정이 그렇게 될 수 있도록 하는 것도 저의 방향성이라고 말씀 드릴 수 있겠습니다.

저는 교회가 지나친 욕심을 부리지 않아야 된다고 생각합니다. 제가 부사역자로 있을 때 저는 구(區)를 벗어나지 않겠다고 마음을 정했습니다. 저희가 이번에 코로나 때문에 어려운 분들과 나누고 싶어서 많지 않은 금액을 행정복지센터에 기부했습니다. 그런데 공무원이 전달식을 어떤 식으로 하고 싶냐고 물어보더라고요. 저는 그 정도 금액을 나누면서 교회가 전달식을 하느냐고 생각했는데 공무원의 설명이 다 한다는 거에요. 이것은 교회가 세상과 어떤 관계를 맺어 왔는지를 보여주는 것입니다. 저는 교인들에게 말을 해요. 유명한 사람이나 대기업에서 몇 억을 기부해도 지역 단체장을 부르지 않아요. 그런데 교회는 작은 것을 주고도, 지역 단체장을 부르고, 플랜카드를 걸고, 사진을 찍어요. 방식 자체를 바꿔야죠. 우리가 나눔과 선교라고 할 때 지역 사회에 어떻게 받아들여지고, 어떻게 인식되고 있는가를 보면서 사역을 해야 한다고 생각을 해요.

또 한 가지 질문이 양육을 어떻게 하냐고 물으셨는데 몇 개의 과정들이 있습니다. '하나님은 어떤 분이신가? 교회는 어떤 곳인가? 영적 성장이란 무엇인가?'를 다루는 베이직 과정이 있고요. 저는 4개의 영역에서 교인들이 지속적으로 균형있게 배워야 한다고 생각해요. 4개의 영역이 뭐냐면, 신학, 성경, 영성 훈련, 역사와 사회의 문제죠. 이것이 온라인으로도 활성화 되고 있어요. 아직 저희 교회는 강의할 사람이 저밖에 없으니까 온라인으로 하면 여러 개를 동시에 할 수 있어서 좋습니다. 교인들이 4개의 영역을 지속적으로 접한다면 균형잡힌 영성을 살아 낼 수 있다고 생각합니다. 양육이라고 할 때, 사실 저는 1, 2, 3단계라고 하는 직선형 과정을 좋아하지 않습니다. 교인들이 이 과정을 배우고 나면, 다음에 무엇을 배우냐고 물어봐요. 계속 교육만 받고, 훈련만 받는 거에요. 저는 설교 시간에 자주 이야기합니다. 지금 아는 것만 가지고도 충분히 일상에서 살 수 있다고. 전제 자체를 다르게 해야 합니다. 4개 영역이 순환하면서 방식을 소그룹과 1대1로 디자인을 하고 있어요. 코로나 때문에 더 가속화 되었고요. 어떤 인격적인 부딪힘이 없이는 사람의 변화가 일어나기 쉽지 않으니까요. 소그룹 방식으로 1대1을 통해서 양육을 하려고 하고요. 이런 디자인들을 하고 있습니다.

선교적 교회와 기존 교회의 차이를 보면 이런 거예요. 제가 미국에서 겪은 충격적인 경험은 많은 돈과 시간을 투자해서 선교 사역을 하는 분인데요. 해외에 가난하고, 힘들게 사는 사람들을 위해 선교비는 많이 지원해요. 그런데 정작 지금 내가 고용하고 있는 사람들에게는 정당한 임금을 주지 않아요. 마찬가지로 우리가 선교적 교회로 이웃을 아무리 많이 섬겨도 정작 내 존재가 달라지지 않으면 무슨 소용이 있겠습니까? 선교적 교회는 내가 다른 사람을 돕고 섬기는 그 영역에만 제한되는 것이 아니라 나의 존재가 모든 삶에서 선교적으로 변화되는 것이 중요해요. 그래서 영성 훈련이 필요한 것입니다. 아까 질문 가운데 하나가 그 딜레마를 그대로 보여주더라구요. 교회 성장학에 오염되지 않은 선교적 교회론을 하고 싶은데 기존 교회를 어떻게 바꿀거냐는 거에요. 그런데 목회 현장에서 이것은 아주 먼 이야기거든요. 그건 목회자의 관심이지 사실 교인들은 선교적 교회로 바꾸는 것에 별로 관심이 없어요. 우리 목회자들이 그렇게 만들었어요. 프로그램 몇 개 하면 교회가 갑자기 선교적 교회가 되는 게 아닙니다. 굉장히 긴 호흡을 가져야 합니다. 그래서 많은 책에서 아예 개척하라고 하는 말까지 나오는거죠.

송창근 목사

사실 제가 발제한 선교적 예배라는 주제에 대해서 선교적 교회를 오랫동안 해 오신 목회자들에게 부탁을 했습니다. 그런데 대부분 거절을 했어요. 선교적 교회라는 주제와 달리 선교적 예배라는 주제는 생소한 것이 사실입니다. 참고해 볼 책이나 자료도 전무합니다. 그런데 이런 주제로 교수님들 앞에서 발제하는 것은 아무래도 부담스럽거든요. 어쩔 수 없이 제가 하게 되었습니다. 저 또한 이 부분이 아직 정리가 되지 못한 영역이다 보니 자신이 없었어요. 그런데 발제를 하고, 교수님들의 논찬을 들으면서 많이 정리가 되었습니다.

최 교수님의 논찬을 들으면서 선교적 예배에 대한 두가지 인사이트를 얻었습니다. 하나는 '선교적 예배 안에서 부르심과 회복, 파송이 어떤 식으로 패턴을 가질 것인가?' 선교적 예배의 가치와 방향에 대한 것이구요. 두 번째는 '그것이 예배라는 형식, 그러니까 설교, 기도, 성찬, 다양한 세리머니를 통해서 어떻게 표현 되어야 할 것이냐?' 하는 것입니다. 결국 '개 교회에서 예배의 다양한 구성 요소가 무엇이고, 그것을 근거로 어떻게 부르심과 회복, 파송의 패턴을 표현해내느냐?'가 핵심입니다. 선교적 예배의 방향과 적용에 대한 실마리를 찾은 것 같습니다. 선교적 교회의 가치와 패턴을 예배의 형식에 담아 표현하되, 거기에 선교적 영성과 비전을 담아내는 것이 선교적 예배라고 저 개인적으로 정의할 수 있을 것 같습니다. 이걸 보면 부족하고, 정리가 되지 않아도 목회자들이 신학자들의 검증을 자꾸 받아야 성장을 하는 것 같습니다. 정승현 교수님의 논찬에서는 보다 본질적으로 크리스텐덤을 벗어나는 선교적 예배의 본질을 말씀해 주셨습니다. 제가 깨달은 선교적 예배의 가치를 또 하나의 To Do 프로젝트의 일환으로 가서는 안 되고, 본질적인 가치가 되도록 우직하게 사역해야 된다는 생각을 했습니다.

선교적 예배와 관련해서 새로운 교회와 기성 교회 예배의 차이는 본질적으로 큰 차이가 없다고 봅니다. 두 분 교수님들이 말씀해 주신 것처럼 선교적 예배라는 것이 본질적으로 가치와 방향의 문제입니다. 선교적 예배가 이머징 예배나 힐송 처치 예배처럼 어떤 새로운 형태를 의미하는 것이 아닙니다. 그런 면에서 부르심, 임재와 회복, 파송의 패턴에 따라 기성 교회는 기성 교회에 맞는 예배 형식에 따라 표현하면 되구요, 새로운 교회들은 그에 맞는 예배 형식에 따라 표현하면 되거든요. 물론 표현되어지는 방식이나 분위기가 많이 다르기는 하겠지만요. 이 부분에서 새로운 교회들은 아무래도 무언가를 바꾸고 변화시킬 때 기존 교회에 비해서 훨씬 쉬울 것입니다. 기존 교회의 경우 많은 시간 동안 형성된 전통이나 형식들이 있기 때문에 그것을 새로운 가치에 맞게 바꾸는 데 많은 지혜가 필요합니다. 다른 측면에서 보면 새로운 교회는 개방성에 대해서 열려 있지만 교회의 재정과 안정성에 어려움이 있습니다. 그에 반해 기존 교회는 변화에 대한 수용성은 부족하지만 상대적으로 재정과 여건이 안정적입니다. 이 말은 새로운 교회나 기존 교회나 어디가 좋다 나쁘다, 쉽다 어렵다의 개념으로 생각해서는 안 되고, 쉬운 게 있으면 어려운 것도 있고, 장점이 있으면 단점도 있습니다. 선교적 예배를 접근할 때 각자의 상황에 장단점이 있음을 알고, 대처하면 될 것 같습니다.

제가 새로운 교회를 10년 정도 하면서 배운 것이 있습니다. 홍대거리에서 젊은이들과 새로운 교회를 처음 시작할 때 기존 교회에서 시도하지 않은 새로운 것들을 예배와 사역에서 많이 시도했습니다. 해 아래 새 것이 없다고 시간이 지나면서 깨닫게 된 것은 기독교 역사 안에서 영성, 예배, 예전에 대한 좋은 전통과 모델들이 많다는 거죠. 중요한 것은 그것을 오늘날의 언어로 재해석하면 된다는 것입니다. 이것은 선교신학에서 폴 히버트가 말하는 상황화와도 관련이 있는데요. 예를 들어 한국 교회가 전통적으로 드려왔던 수요예배가 있습니다. 그것을 오늘날의 언어로 재해석한다는 게 뭐냐하면, 수요예배라는 형식 자체가 핵심이 아니라 수요예배를 하게 되었던 상황과 정신이 뭐냐는 것이죠. 주일 예배를 드린 후에 주중에 중간 정도에 한 번 만나서 예배를 드리면서 신앙을 점검하고, 새로운 영적 활력을 주는 거죠. 그런 상황과 정신을 생각하면서 주중에 모이는 예배 형식을 오늘날에 맞게 재해석하는 리뉴얼 작업을 하면 된다는 것입니다. 농경문화와 기성세대에게 시작된 새벽예배도 도시문화와 젊은 세대에 맞게 재해석해서 리뉴얼하면 되는 것입니다. 그런데 이 부분에서 새로운 교회보다 기존 교회는 쉽지 않을 것입니다. 제가 아는 1000명 되는 기존 교회의 경우 새벽예배에 성도들이 2, 30명 정도 나옵니다. 참석하는 분들이 6, 70대 이상이 대다수입니다. 그런데 모든 사역자들이 매일 새벽예배에 나와야 합니다. 거기에 쏟는 에너지가 엄청납니다. 교인들의 비율을 본다면 큐티모임에 더 많은 에너지를 투자해야 되는 게 필요한 거죠. 그것을 큐티 모임으로 바꾸는 것은 금기에 가깝다고 하더라구요.

아마 이런 분위기도 코로나로 인한 비대면 예배로 많이 달라질 것 같습니다. 비대면 예배가 한국 교회에 어려움을 주기도 하지만 교회의 사역 구조와 예배의 형태와 관련해서 기존에 해왔던 전통적인 것들에 엄청난 변화를 가져다 주고 있습니다. 기존 교회의 경우 신앙생활의 모든 것이 교회에 와서 예배하고, 모임하고, 훈련받으면서 동기

부여를 했습니다. 그러다보니 고형욱 목사님이 지적하신 것처럼 교회생활은 잘 하는데 일상생활에서 신앙을 어떻게 살아내는지 연결이 잘 안되요. 그래서 존 웨슬리가 일상생활에서 서로 영적으로 도전하고, 세워갈 수 있는 소그룹을 만든 것 아닙니까? 이제는 모든 교회에 소그룹이 다 있습니다. 비대면 사회 이후로 이것이 점점 가속화될 것이라고 생각합니다. 교회 건물 안으로 성도들을 불러 들여서 사역하는 패러다임에서 성도들이 흩어져 있는 일상의 삶의 자리에서 셀이나 구역, 관심분야별 모임, 취미생활 등 다양한 형태의 소그룹에 속해서 전인적인 도움을 받을 수 있도록 세워가야 합니다. 거기서 양육도, 전도도, 교회 개척도 일어나도록 하는 것이 비대면 사회로 우리 안에 현실이 되어가고 있습니다.

황병배 교수(사회자)

우리가 제자 훈련을 할 때 소그룹 환경에서 하는 제자훈련이 강력하다고 하지 않습니까? 대그룹 예배에서 하는 설교로 사람이 변화되기보다는 소그룹에서 삶을 나누고, 만나고, 서로 격려하고, 위로하는 소그룹 환경에서 사람이 변한다고 하는데, 송창근 목사님께서 Post 코로나 시대에서의 양면성을 말씀해 주셨어요. 지금 온라인이 한국교회에서 빠르게 수용될 수 밖에 없는 상황인데요. 이 부분에 대해서 고형욱 목사님은 어떻게 생각하십니까? 말씀하셨던 양육 사역을 보면 소그룹 환경으로 세팅되어진 것 같은데요. Post 코로나 시대에서 온라인으로 가능합니까?

고형욱 목사

온라인 예배를 드려본 분들은 대부분 동의를 하실 겁니다. 실제로 예배라는 것이 예배당에 나와서 하는 행위가 다가 아니라 집에서 밖으로 나오는 행위, 옷을 입는 행위, 예배당에 들어오고 앉는 행위, 예배 순서 등 이런 모든 것들 안에 복음의 내용들이 담겨져 있거든요. 이것 전체가 예배입니다. 온라인 예배를 드리고 있지만 그것은 어디까지나 보완이 될 수는 있지만 대면 예배를 대체할 수 없다고 생각합니다. 양육도 마찬가지입니다. 온라인 상태에서 양육이 어렵다고 하는 이유가 오프라인에서 대화를 나눌 때 상대가 이야기를 할 때까지 기다려주고, 언어적이고, 비언어적인 것을 통해서 상대의 마음을 이해합니다. 온라인에서는 그게 쉽지 않습니다. 약속해 놓고 안 나오면 끝입니다. 자기가 불편하면 화면을 가려 버려요. 저희 교회에서 새가족들과 복음 나눔을 하고, 양육을 하고 있는데 대안이 없기 때문에 온라인으로 하고 있지만 오프라인에서 진행되는 열매와 결과물이 나오는지에 대해서는 조금 더 지켜봐야 할 것 같습니다. 가장 심각한 것은 비대면으로 움직이다 보니까 만남의 주체가 자기가 되어 버리는 거죠. 내가 하고 싶으면 하고, 아니면 꺼 버리고, 가려 버리면 됩니다. 교회는 내가 만나고 싶은 사람만 만나는 것이 아니고, 만나기 싫은 사람도 만나고, 공동체가 하나가 되면서 다듬어지고, 빚어져가는 과정이 교회인데요. 온라인은 그게 참 어렵더라고요. 이 부분이 양육적인 측면에서 데미지가 있지 않을까 생각을 합니다.

황병배 교수(사회자)

최동규 교수님께서 논의되고 있는 부분에 대해 말씀해 주시지요.

최동규 교수

조금 전에 토론한 것처럼, 저도 역시 비대면으로 소그룹 양육하는 것에 대해서 제한이 있다고 생각을 하고요. 제일 큰 문제는 선교적 소그룹이라고 하는 것이 일반 소그룹보다 훨씬 더 확장성이 있고, 훨씬 더 발전된 형태여야 하거든요. 그 이야기는 기존의 소그룹이라고 하는 것이 그룹들마다 목표가 조금씩 다르기는 하지만 교제하는 사람들이 좋아서 오고, 성경공부를 하려고 참여합니다. 하지만, 선교적 소그룹이라고 하는 것은 교회 안에 작은 교회로서 교회의 공동체성이 드러나야 합니다. 삶에서 교회로 살아가기 위한 내용들이 소그룹 안에서 나눠지고, 양육되고, 훈련되어지는 콘텐츠가 있어야 합니다. 그러기 위해서 온라인으로는 어려운 점이 많습니다. 먹는 것도 같이 못 나눠 먹고, 조크도 쉽지 않고, 서로의 말에 분위기를 띄워가며 맞장구치기도 어렵습니다. 그런 점에서 한계가 있다고 봅니다. 소그룹 사역에서 선교적 소그룹, 즉 미셔널한 측면에서 이루어지려면, 훨씬 더 많은 고민을 해봐야 합니다.

황병배 교수(사회자)

어쨌든 한계는 있지만, 시대적인 상황으로 인해서 교회가 응답하지 않을 수 없는 상황에서 비대면 예배, 비대면 훈련, 이런 것들이 큰 이슈가 되는 것 같습니다. 어제인가요? 뉴스를 보는데, 제가 큰 충격을 받은 뉴스가 있습니다. 확진자가 있어서 공무원이 찾아갔데요. 검사를 받으라고 권유를 하니까 당신도 한 번 걸려봐라 껴안고, 신체적 접촉을 하면서 침을 뱉었다는 보도를 보면서 그게 정말 사실일까? 그런데 그게 교인이었다는 거예요! 그걸 보면서 기독교인으로서 너무나 마음이 아프고, 그런 믿음과 신앙을 가지고 살아간다면 하나님 나라나 복음전파에 큰 방해가 될 것이라고 생각이 되는데요.

최동규 교수

한 가지 더 말씀 드리고 싶은 것은 비대면으로 사역 하는 것은 어쩔 수 없다고 봅니다. 그것 자체로 충분하다고 생각할 사람은 거의 없다고 생각되고요. 어쩌면 이런 비대면 커뮤니케이션이 만연한 상황에서 이런 점도 있다는 것을 목회자들이 알았으면 좋겠어요. 그게 뭐냐 하면 오프라인으로 모일 수 없기 때문에 홀로 있어야 하고, 고독하고, 외롭고, 아까 정삼희 목사님이 친목의 영성에 대해 이야기해 주셨는데 그런 분위기가 자연스럽게 조성이 되거든요. 목회자들이 그것을 인식하고, 신자들로 하여금 예수님이 광야에 홀로 있으면서 영적으로 깊어졌던 것처럼 영성훈련을 할 수 있는 것에 비대면 상황이 좋은 여건을 만들어 준 것 아닌가요? 그런 차원에서 목회적으로 접근하는 것도 이 기간에 좋은 전략이 될 것 같습니다.

황병배 교수(사회자)

제가 아까 말씀드린 것이 조금 끊어졌는데, 제가 말씀드리고 싶은 것은 교회에서 신앙이 좋다고 하지만, 일상의 삶 속에서 그 신앙이 실천되지 않는다는 거예요. 그게 오늘날 한국 교회의 가장 큰 문제인데 코로나 사태가 오면서 한국 기독교에 있었던 약점들이나 아픈 점들이 그대로 드러난 것이 참 안타깝다는 생각이 듭니다. 앞으로는 Post 코로나, With 코로나 시대라고 하는데 Post 코로나 시대에 선교적 교회가 더 어필할 수 있는 이유들이 있다면 어떤 것이 있을까요? 누가 이야기해 주실까요?

정삼희 목사

제가 최근에 교회에서 주일 오전 설교 시리즈로 창세기 1장부터 11장까지를 설교하거든요. 그전에는 엄두가 나지 않았어요. 왜냐하면 교인들이 그런 이야기를 듣고 싶어하지 않을 거 같아서요. 코로나가 오면서 교인들이 근본적인 질문을 다시 하게 된 거죠. 세상이 왜 이렇게 되었을까? 내 삶은 왜 이럴까? 지금은 본질적인 질문을 던지기에 아주 좋은 시기라고 보는 거죠. 선교적 교회와 연관을 시켜보면, 방금 황병배 교수님 언급하신 최근의 어떤 교회에서 일어난 현상을 볼 때 임계점이 지났죠. 한국 개신 교회가 우리가 왜 이렇게 되었을까? 원래 교회는 어떤 곳이어야 했을까? 근본적인 질문을 던지기에 아주 좋은 시기죠. 선교적 교회라고 하는 것이 단순히 그동안 해왔던 사역을 선교적으로 좀 바꿔서 해보자는 것이 아니라 교인들에게 진정한 교회의 모습을 다시 고민할 수 있는 기회를 제공해 주어야 합니다. 코로나가 오고 난 이후에 창세기에 나오는 이 세상의 원래의 모습을 이야기 하면서 생태계와 환경 파괴 이야기를 하는데 성도들이 진지하게 듣거든요. 그전에 이런 주제들은 와닿지 않는다고, 아예 듣지도 않았어요. 이제는 그게 본질이 된 거죠.

코로나라는 불행한 사건임에도 불구하고, 이런 위기 속에서 교인들이 변화를 자연스럽게 받아들여요. 죄송한 말씀인데, 코로나 때문에 앞으로 시대를 대비하려면 이게 도움이 되요라고 말하면 예전처럼 묻지를 않으세요. 예전 같으면, 그게 왜 도움이 되요? 물어볼 분들이 코로나가 길어지면서 어쩔 수 없이 받아들이는 거죠. 오히려 이때가 위기 가운데서 교회의 본질이 무엇인지 새롭게 질문할 수 있는 기회가 아닌가 생각을 합니다.

황병배 교수(사회자)

정승현 교수님은 대럴 구더의 미셔널 처치를 번역하신 분입니다. 선교적 교회를 공부하신 분이라면 반드시 읽어야 할 책인데 한국교회에 그렇게 공헌해 주셨습니다. 정승현 교수님께서 생각하실 때 Post 코로나 시대에 왜 선교적 교회입니까?

정승현 교수

방금 정삼희 목사님도 말씀을 참 잘 해 주셨는데요. 사람들이 예전에는 당연하다고 생각하는 것들에 대해서 귀하게 생각하는 시간들이 오기 시작한 겁니다. 그러면서 예전에 겉치레에 사람들이 관심을 갖고 있었다면, 이제는 굉장히 본질적인 부분에 관심을 갖기 시작했습니다. 한 가지 그냥 비유로 말씀을 드리면요. 제가 지난 달에 미국에 다녀와서 2주 동안 자가 격리를 했는데요. 캘리포니아에 가보니까 한국으로 말하면 3단계 상황이더라고요. 식당이나 카페나 극장이나 어디에도 앉아 있을 수 없고, 스타벅스에 가서 커피를 주문하고, 픽업만 할 수 있는 상황이고, 극장도 다 문을 닫았습니다. 그때 제가 알게 된 것은 무엇이냐 하면 그동안 LA 하면 사람들이 제일 많이 관심을 가졌던 것이 헐리우드, 즉 영화 산업입니다. 이것이 세계적으로 대단한 파급효과를 가지고 있는데 특별히 헐리우드 영화는 여름 방학인 5, 6, 7월 달을 타킷으로 해서 마블 영화나 블록버스터를 한 주씩 개봉을 해서 굉장히 많은 수익을 올리는 시즌이거든요. 그런 영화를 한 편도 개봉을 하지 못했어요. 그러고 나자 사람들이 전부 무엇을 했냐 하면 가정으로 돌아간 거죠. 밖으로 못 나오니까 전부 다 가정으로 돌아가서 가족의 의미가 무엇인지 다시 생각을 해보게 된 거죠. 물론 가정 폭력이 더 많이 나오기도 하지만, 오히려 가족 가운데 예전에 없던 새로운 사랑이 더 많이 일어나기도 해요.

선교적 교회도 그런 본질적인 질문을 생각해 볼 수 있습니다. 그동안 한국 교회에서 했던 많은 프로그램들이 정말 필요했던 프로그램인지 생각해 볼 수 있는 기회예요. 만약 이런 상황이 아니었더라면 우리가 얼마나 익숙해져 있으면, 옆 교회에서 하면 우리도 그 프로그램을 해야 하고, 주변에서 너도 나도 덩달아 집단적으로 프로그램을 진행해 왔습니다. 이것이 그동안 한국 교회의 분위기라는 것을 부정하기 어렵습니다. 그런데 코로나가 오면서 모일 수 없고, 사역을 할 수가 없으니까 교회가 무엇인지, 교회에 남는 것이 무엇인지 본질에 대해서 생각해 볼 수밖에 없는 것입니다. 나중에 다시 교회 문을 열었다고 하면 그때 모든 프로그램들을 다시 돌릴 것인지, 이제는 본질에 집중해야 할지, 교회가 선교적 교회의 뉴노멀에 대해서 생각해 볼 수 있는 유일무일한 계기가 된 것입니다.

황병배 교수(사회자)

감사합니다. 너무나 중요한 문제들을 다루어 주셨는데요. 지금 정승현 교수님이 마지막에 뉴노멀에 대해서 말씀해 주셨는데요. 과거에 비정상적이었던 것이 지금은 정상적인 표준이 되는 뉴노멀 시대에 우리가 이미 들어와 있습니다. 송창근 목사님께서 이야기 해주시면 좋겠는데요. 현장에서 선교적 교회를 해나가실 때 전통 교회와 부딪히는 갈등, 이런 것들을 많이 경험을 하셨을 텐데요. 과거에 선교적 교회를 할 때에 노멀하지 않았던 것이 앞으로 노멀하게 될 것이 있다면 어떤 것들이 있을까요? 교회가 앞으로 받아드려질 새로운 것들 말입니다.

송창근 목사

저 개인적으로는 새로운 스타일의 교회를 하지만 한국 교회 사역은 주로 기존 교회와 많이 합니다. 저희 교회의 예를 들면, 주일예배 한 번만 있고, 새벽예배, 수요예배, 금요예배는 없습니다. 지난 10년 동안 모든 훈련과 사역들을 일상 속에서 다양한 소그룹의 형식으로 해 왔습니다. 그렇게 하면서 이것이 미래사역의 대안이다. 한국 교회를 바꾸겠다는 무슨 큰 사명이 있었던 것이 아닙니다. 저의 개인적인 목회적 소신에서 시작했던 것입니다. 제가 이렇게 교회를 하니까 주변의 많은 목회자들이 주일예배 한번만 드리면서 성도들이 무슨 신앙적 훈련이 가능하냐? 꼭 그렇게까지 특이하게 해야 되냐? 심지어 그렇게 해서 무슨 교회라고 할 수 있냐? 이런 이야기를 많이 들었습니다. 그런데 코로나가 길어지면서 주변의 목회자들에게 전혀 상상하지 못했던 말을 듣고 있습니다."송 목사가 선견지명이 있었다."는 말을 꽤나 들었습니다. 제가 선견지명이 있었던 것이 아니고, 어느 날 갑자기 우리가 4차 혁명 시대, 뉴노멀 시대 안으로 훅 들어와 버린 것이죠. 지금 현재 벌어지고 있는 상황이 뭐냐면, 저희 교회가 홍대 거리와 강남에서 교회 건물 없이 주일예배만 드리고, 나머지 모든 훈련과 사역을 성도들의 삶의 자리에서 사역해왔던 상황을 모든 한국 교회가 강제로 맞딱 드리게 된 것입니다. 저희가 지난 10년 동안 이렇게 교회가 자리 잡는 데 엄청난 희생과 대가를 치렀습니다. 정말 쉽지 않았어요. 그런데 이제 한국 교회가 상황에 떠밀려서 그것에 직면한 것입니다. 앞으로는 고정된 건물에서 예배와 모임을 하는 것이 점점 더 어려워질 것이고, 크게 할수록 위험부담도 더 커질 것입니다. 모이는 교회에서 이제는 흩어지는 교회로 전환해야 합니다. 제일 먼저 과거에 해왔던 새벽기도, 수요예배, 금요예배, 주일 저녁을 온라인으로 하기 시작하더라고요. 물론 온라인을 잘 준비해야겠죠. 그런데 미래는 보다 근본적인 패러다임 전환이 필요합니다. 좀 더 작고, 성도들의 일상 안에서 연결될 수 있는 구조들이 더욱 많아져야 합니다. 그것이 어떤 형태든지 정착되지 않으면 교회 건물 중심으로 살아온 성도들은 신앙생활 자체가 문이 닫혀 버렸다는 느낌을 가질 수 있습니다. 그렇게 훈련받고, 익숙하게 살아온 많은 성도들이 신앙에 회의가 찾아오고, 심지어 교회와 신앙을 떠날 수도 있을 것입니다. 건물을 뛰어넘는 일상의 교회로 살아가는 블루라이트교회의 고민과 도전들이 이제는 한국 교회의 과제가 되는 거죠.

여러분들이 온라인의 필요성과 한계를 이미 말씀하셨구요. 저는 비대면 시대의 대안이 온라인이라고 생각하지 않습니다. 물론, 온라인 콘텐츠를 많이 개발해야 합니다. 저희 교회도 온라인에 많은 에너지를 쓰고 있습니다. 냉철하게 말해서 온라인은 저희 교회처럼 20-40세대들이 주를 이루는 교회들이 더 접근하기 쉽습니다. 50대 이상이 절대적으로 많은 기존 교회의 경우 온라인으로 과거의 영적인 역동성을 만들어내기가 쉽지 않습니다. 제가 말씀드리고 싶은 것은 보다 근본적인 패러다임의 전환이 필요하다는 것입니다. 얼마 전에 성도가 2천 명 정도 되는 한 목회자가 저한테 그래요. 아직도 교회 건축한 대출 이자가 나가는데 지난 6개월 동안 큰 교회 건물에 사람들이 들어오지도 못하고, 텅텅 비어 있다는 거예요. 그러면서 "이런 식으로 1, 2년 더 간다고 생각하면 아예 건물을 다 팔고, 수도권 전역에 성도들이 모일 수 있는 작은 센터나 공유 오피스를 만드는 게 나을 것 같다." 그러더라구요. 어쩌면 그런 상황이 가까운 장래가 될 수 있다고 생각합니다. 건물이 교회가 아니라 우리가 교회다. 교회 생활에서 생활신앙으로 빨리 전환해야 합니다. 거기에 맞추어서 선교적 교회를 디자인하는 것이 필요합니다. 여러 목사님, 교수님들이 말씀해 주신 것처럼 이런 불가항력적인 위기가 성도들에게 수용성이 커지는데요. 기존의 전통과 가치들을 새롭게 재고하고, 선교적 교회로 전환 할 수 있는 기회로 활용하면 좋을 것 같습니다.

황병배 교수(사회자)

뉴노멀에 대해 말씀해 주셨어요. 공유 오피스처럼 공유 교회와 같은 새로운 것이 나와야 되지 않을까 합니다. 유근재 교수님 질문해 주시겠습니다.

유근재 교수(질문자)

좋은 강의와 논찬 감사합니다. 주안대학교대학원 유근재 교수입니다. 지금 전 세계의 상황이 Post 코로나에서 With 코로나가 된 것 같습니다. 코로나가 길어지고, 비대면 예배가 계속되면서 목회자들의 패배감과 걱정이 점점 커지고 있습니다. 이제는 이 문제가 한국 교회 전체의 문제가 되었습니다. 이런 상황에서 서바이벌 할 것인가? 성장 할 것인가? 길을 찾아야 하는데 주변에 Post 코로나 강의나 예측들을 보면, 온라인으로 가야 한다. 온라인 콘텐츠 많이 만들어라. 굉장히 피상적이에요.

세 분 목사님들께는 이런 분위기가 지속되면 어떻게 교회가 생존이든, 성장이든 지속을 해야 할까 하는 부분을 질문을 드리고 싶고요. 또 한가지는 신학적 담론이라는 것이 주로 영미로부터 넘어오는데요. 서구의 이론과 형태만 들어왔지 정신과 본질적인 것은 안 넘어왔어요. 저는 개인적으로 레슬리 뉴비긴이 가르쳤던 학교에서 공부를 했거든요. 뉴비긴이 말하는 선교적 본질은 기독교의 역동성이 사라져가는 기독교 후기사회에서 그리스도인이 되는 것인데요. 그리스도인이 되는 데 가장 중요한 것이 성령의 능력과 인도하심입니다. 우리가 Being 없이 어떻게 Doing을 해요? 그리스도인의 삶에 가장 중요한 성령의 역사를 빼고 말할 수 없듯이 선교적 교회론을 이야기할 때도 성령에 대한 핵심적인 질문은 빠지고, 프로그램 아니면 기존 교회 비판, 또는 새로운 프로그램에 대한 제안이 대부분이었어요. 선교적 교회에 대해 말할 때 늘 이 부분이 아쉬웠습니다.

저희 학회가 세뛰새KOREA와 협약을 맺고, 신학자와 목회자들이 함께 담론에 참여하게 된 것은 단순한 미래에 대한 예측이나 관점을 제시하고자 하는 것이 아니라 한국 교회에 실제적인 대안과 모델을 제시하고, 현재의 상황들을 돌파하기 위한 것이었습니다. 그래서 커피숍이나 도서관, 공연장 등 대안 목회의 모델도 있지만 기존 교회가 선교적 교회로 가는 여러 모델도 함께 보고 있거든요. 저는 여기에 건강한 중대형 교회의 선교적 교회 모델도 추가 되어야 한다고 봅니다. 그래야 훨씬 더 많은 사람들의 공감을 이끌어 낼 수 있어요.

말이 좀 길었는데요. 저의 질문의 요지는 그리스도인의 삶과 교회론에 있어서 성령의 능력과 일하심이 본질이라고 생각되는데, 세 분이 생각하는 선교적 교회와 예배에 대한 본질은 무엇이라고 생각하시는지 답변해 주시면 감사하겠습니다.

황병배 교수(사회자)

좋은 질문 감사하고요. 시간 관계상 고형욱 목사님께서 대표로 말씀해 주시겠습니다.

고형욱 목사

이런 상황에서 교회가 서바이벌과 성장 중에 하나를 선택해야 하는 것이 참 어렵습니다. 어쨌든 간에 교회는 하드웨어적인 장소가 없을 수는 없고, 이 부분에 대해서 솔직하게 말씀드리면 계속 논의 중입니다. 어떻게 풀어내야 하는지 고민하면서 선명하게 드러나는 것은 신앙의 본질에 대한 고민과 교육을 살아내게 하는 시스템과 하드웨어가 어떤 것이 되어야 하는가입니다. 우리가 훈련을 하면서 사람들이 복음 앞에 응답하는 것이 되기 위해서는 혼자가 아니라 영적인 가족과 공동체를 통해서 된다는 것입니다. 신앙은 혼자가 아니라 같이 공유된 내용이 있기 때문에 함께 만들어져 가는 요소가 생기는 것입니다. 또 하나는 내년부터 부모가 교사가 되는 훈련을 진행합니다. 교회학교 교사 자체를 부모가 하게 하는 거죠. 이미 저희 교회에서는 교회 학교를 교역자가 아닌 평신도 간사들이 탁월하게 진행하고 있습니다. 이걸 부모의 역할로 넘기는 것입니다. 9월부터 어떤 일이 진행 되냐면 부모들이 교회학교 교사처럼 성경에 대한 내용을 가르치고, 나눌 수 있게 하는 작업들을 진행하고요.

여기서 또 하나 논의해야 되는 것은 무엇이냐면, 결단과 습관이 부딪히면 습관이 이기거든요. 성령 체험을 하고 난 다음에 새로운 삶의 방향을 결단했을 때 그 다음 삶을 살아낼 수 있는 영적 습관의 로드맵이 필요합니다. 그런데 한국 교회에서 아직까지 그 영역에 대해서 손을 못 댔다고 생각을 해요. 성령 체험하고 삶의 방향이 바뀌고 난 다음에 어떻게 살아가야 하는데 누구도 그림을 그려줄 수 없다는 거에요. 방금 질문에서 말씀하신 것처럼 사람의 변화가 성령의 은혜 없이 될 수 없다는 것은 부정할 수 없는 진리이구요. 저는 그 다음에 삶의 방향이 바뀐 사람이 어떻게 살아야 할 것인가? 이 부분들을 교회가 준비하고 훈련해야 할 영역이라고 생각합니다.

황병배 교수(사회자)

감사합니다. 조해룡 교수님 질문이 있으신가요?

조해룡 교수(질문자)

유 교수님이나 저나 또 선교적 교회에 대한 이해나 생각들은 비슷하고요. 선교적 교회 운동의 중심에는 성령 운동이 있어야 한다는 생각을 동일하게 가지고 있고요. 다른 질문을 하고 싶은데 이번에 우리 교단(장로교 통합)에 목사고시 논술 주제가 '선교회 교회론'을 쓰라는 것이었습니다. 제게는 참 인상 깊었습니다. 목사고시 논문 주제가 선교회 교회론이 나왔다는 것은 한국 교회에 교회 인식의 변화가 일어나고 있구나라는 것입니다. 지난 10여 년 동안 한국 교회가 선교적 교회 운동을 해왔지만 다른 한쪽에서는 교회 성장을 이야기하고, 교회 성장과 맞물려서 선교적 교회의 논의들이 일어나면서 선교적 교회가 지나치게 서구적 사고 방식으로 진행되고 있다는 것을 많이 생각했고요. 서구적인 사고 방식을 한국 교회에 적용하려고 하다 보니까 갈등이 생기고, 또다른 한편으로 많은 몰이해들이 생겨나고 있습니다. 그런 면에서 '한국적 선교적 교회의 자리매김'이라는 주제를 가지고 토론하는 것은 고무적이고, 앞으로 이런 토론들이 계속해서 이루어졌으면 좋겠다는 생각입니다. 제 질문은 어떻게 하면, 한국적 선교적 교회 유형을 만들어 낼 수 있을까? 우리가 굉장히 많은 논의를 했지만 여전히 많은 부분들이 서구의 생각을 벗어나지 못하는 논의들이라고 생각을 하거든요. 한국적이라고 하는데 어떤 것이 한국적일까? 제가 풀어나가야 할 숙제이고 고민이기도 한데요. 토론하시는 분들 중에 교수님이나 목사님이나 누군가가 대답해 주셨으면 좋겠습니다.

황병배 교수(사회자)

토착화 문제를 이야기해 주셨어요. 오늘 주제도 한국적이라는 주제를 집어 넣었고, '한국적 선교적 교회의 자리매김'이라는 주제를 처음 접했을 때 선교적 교회론이 한국 교회 상황에 적용되고 실천될 때에 그 모습들이 어떠해야 할 것이냐? 토착화의 문제라고 볼 수 있는데요. 이 주제에 대해서 처음 상정해 주신 송창근 목사님께서 한국적이라고 하는 것의 의미에 대해서 말씀해 주시고, 정승현 교수님께서 한국적 선교적 교회의 토착화 문제를 말씀해 주시면 좋겠습니다.

송창근 목사

제가 신학을 배울 때는 한국적 신학이라는 것에 대해서 많은 도전이 없었던 것 같아요. 진보적인 그룹에서 해방신학, 민중신학 등 한국적 신학을 들고 나왔고, 제가 몸 담았던 복음주의 그룹에서는 한국적 신학을 많이 못 들었단 말이죠. 제가 이런 제의를 했던 이유가 한국적인 게 무엇이냐고 할 때 저의 개인적인 생각은 어떤 특정한 교단이나 이념, 신학적 그룹들이 주장하는 것을 가지고 한국적 신학이라고 말할 수 없다는 거죠. 한국 교회 안에 다양한 교단과 집단들이 존재합니다. 각자가 가지고 있는 개별적인 입장의 경계를 넘어서 한국 교회 안에 서로 다른 다양한 그룹들과 계속 대화하고, 그것을 확장하면서 공통적인 분모를 찾아가면서 한국적인 신학이 정리가 될 수 있는 것입니다. 그런데 먼저 이게 되려면 마음을 열고, 서로에게 배울 수 있는 대화의 장으로 나와야 합니다. 한국적 선교적 교회의 문제는 결국 선교적인 열린 마음과 대화가 전제 되어야 합니다. 선교적이라는 것이 유대와 사마리아와 땅 끝까지 가는 세계적이고, 우주적인 교회의 관점이잖아요. 하나님의 선교를 이론적으로 어렵게 말하는데 목회자의 입장에서 쉽게 말하면 나 자신의 경계를 넘어서 하나님의 경계로 나아가는 것입니다. 그런데 나 자신이 속한 그룹의 경계도 못 넘어가는데 선교적 교회, 그것도 한국적 선교적 교회를 생각할 수 있겠습니까? 방금 질문에서도 유근재 교수님께서 선교적 교회론에서 성령에 대한 논의가 빠져 있다고 지적해 주셨는데요. 오순절 신학을 전공하신 분이기 때문에 다른 사람들이 놓치고 있는 것을 보는 것이거든요. 이것을 받아들이고, 재해석해서 우리의 담론을 보다 보편적이고, 공적으로 만들어가는 거죠.

어떤 면에서 그런 마음들이 한국선교신학회에도, 세뛰새KOREA에도 있었을 것입니다. 그것이 공동 포럼으로 열매를 맺은 것이죠. 세뛰새KOREA가 처음 설립될 때 '한국 교회 연합운동의 새로운 플랫폼'이라는 목표를 가지고, 저희들이 가졌던 생각이 있습니다. 우리만의 독자적인 방향을 제시하지 말고, 한국 교회를 위해서 사역적인 에큐메니칼을 하자는 것이었습니다. 한국 교회의 역사를 볼 때 신학적인 에큐메니칼은 서로의 입장 차이가 크기 때문에 쉽지 않습니다. 그러나 사역적으로는 필요와 가치, 비전에 따라 얼마든지 서로 연합할 수 있습니다. 나와 다른 것을 전적으로 부정하는 극단적인 것이 아니라면 한국 교회를 사랑하고, 서로 대화할 수 있는 그룹들이 모여서 함께 대화를 하고, 정리하면서 한국적인 신학과 교회의 방향을 만들어 갈 수 있다는 확신을 조금씩 가지게 되는 것이죠. 중요한 것은 열린 마음과 지속성이 중요한 것 같아요. 하여튼 한국 교회 안에 있는 다양한 모델들이 더 많이 제시되고, 서로 연합하는 공론의 장들이 더 많이 생겼으면 좋겠습니다. 이것이 한국적 선교적 신학과 교회를 바라보는 목회자로서 저의 생각입니다.

황병배 교수(사회자)
감사합니다. 정승현 교수님께서 말씀해 주시죠.

정승현 교수
저는 학자의 입장에서 말씀을 드리겠습니다. 다목적 선교적 교회에 대한 부분을 말씀해 주셨는데요. 학자의 입장은 객관적이고, 학문적인 것이 중요하기 때문에 난제들이 훨씬 더 많습니다. 제가 다목적 선교 신학이라는 것을 해보려다가 접은 적이 있습니다. 왜냐하면 한국적이라는 것이 대체 무엇인가에 대해 정의를 하려다가 제가 실력이 부족해서 도저히 못하겠더라고요. 한국이라는 것이 무엇을 이야기하는지 그것을 정리하는 것이 엄청 힘들더라고요. 한국적 선교적 교회라는 것을 무언가를 만들려고 한다는 것은 굉장히 큰 도전이 될 거라고 생각을 합니다. 하나로 만들기는 어려울 것 같고, 여러가지 타입이나 유형의 모델이라든지 그런 방식으로 포괄적으로 가는 것이 바람직하지 않나 생각을 합니다.

최동규 교수

시간이 갔으니까 간단하게만 말씀드리겠습니다. 저도 생각이 동일하고요. 한국적이라는 말을 정의하기 어려운 것처럼 또 한편으로 세계적이란 말을 비켜갈 수 있을까? 한국적, 세계적, 토착적이라고 하는 말들이 혼재되어 있어서 쉽지 않습니다. 또 하나 생각해 볼 것은 우리가 한국적 선교적 교회의 모습을 자꾸만 어떤 사역적인 유형으로 생각하는 경향이 있는데요. 흔히 한국에서 찾기 힘들다고 말합니다. 물론 저는 그렇다고 하지 않지만요. 그렇다면 세계 다른 지역에서는 있냐라는 거죠. 콘셉트이나 유형으로 볼 때 영국 같은 경우는 '교회의 새로운 표현들(Fresh Expressions)'이 있습니다. 그것이 선교적 교회의 대표적인 유형이 되냐는 겁니다. 미국이나 호주에는 있냐라고 보면, 거기도 각자 너무 다양합니다.

제가 한국의 선교적 교회 현황을 찾아보기 위해 리서치를 하고 많이 돌아다녔는데요. 세계적으로 유명한 영국의 '교회의 새로운 표현들(Fresh Expressions)' 못지 않게 한국의 선교적 교회 운동도 활발하게 움직이고 있다고 평가를 하고 싶어요. 한국에서 선교적 교회하면 마을 목회나 작은 교회 운동이 화두가 되고 있습니다. 그러면 이런 흐름들이 한국의 선교적 교회 운동을 대표할 만한 것이냐? 물론 그것이 선교적 교회의 중요한 방향 중에 하나이기는 하지만 대표적인 것이 될 수는 없습니다. 너무 제한적이고, 특수한 상황을 전제로 하는 것이니까요. 선교적 교회의 본질을 생각한다면, 저는 기존 교회 안에 더 다양한 상황들이 있고, 한국 교회적인 상황들이 많다고 봐요. 예를 들면, 신도시 문제라든지, 농촌 문제라든지, 또는 교단 내에 여러 운동들도 많고요. 다양한 풀뿌리 운동들이 많은데 다양함 속에서 본질을 붙들고, 씨름하다 보면 시간이 지나서 한국적 신학의 운동이 형성되지 않을까 생각합니다. 지금은 단언해서 말하기는 시기상조입니다.

황병배 교수(사회자)

저는 한국적이라는 말의 의미가 '한국에만 있는' 이렇게 해석해서는 안 된다고 생각합니다. 오히려 한국에서 하나님의 나라가 드러나고, 하나님의 선교가 지역교회를 통해서 이루어져서 지역사회에 하나님의 나라로 변혁되는 결과들, 열매들이 있다면 그것이야말로 한국적 선교적 교회의 모델이 될 수 있다고 생각합니다. 아까 스펙트럼을 이야기했듯이 선교적 교회에 다양한 스펙트럼이 많듯이 한국적 선교적 교회의 모델이 어느 하나가 될 수 없다고 생각을 하구요. 선교적 교회가 보다 더 대중적이고, 보편적인 한국 교회에 어필하는 것이 되어야 하고, 그런 모델들이 더 많이 나와야 합니다. 해 아래 새로운 것이 없잖아요! 지금 하고 있는 일들이 하나님께서 나에게 사명을 주시고, 내가 깨달은 바를 해 나가지만 교회사나 동시대에 다른 문화권에서 보면 이미 그것을 하고 있는 교회가 있다는거죠. 한국적이라는 말의 오해를 조금 해석해 줄 필요가 있습니다.

정삼희 목사

아까 이야기 했던 것과 맥을 같이 하는 것 같은데요. 우리 안에 선교적 교회 이야기도 있고, With 코로나, Post 코로나도 있고, 많은 책과 이야기들이 있습니다. 그런데 누가, 후배 목사님들이 저에게 물어보면, "지금 당신과 함께하는 사람들 가운데 하나님께서 그 사람들을 통해서 어떤 일을 이루시기 원하시는지를 관찰하면 답이 있을 것"이라고 이야기를 하거든요. 한국적 선교적 교회에 대한 보다 많은 이야기가 모여야죠. 한국 교회라고 할 때 많은 공동체들 중에서 결국 로컬 처치를 생각해야 합니다. 교회의 가족들로부터 시작해서 공동체와 지역에서 어떤 일이 일어나는지 봐야 합니다. 너무 빨리 뭘 가져오려고 하지 말고, 어느 교회 갔더니 이런 걸 하더라. 발표하는 데 보면 대부분이 목사가 주도하는 사역을 하거든요. 사실 교인들은 위로받고 싶어서 교회에 오거든요. 심지어 어떤 교회를 이루어야 하는지에도 크게 관심이 없어요. 다시 한번 말하지만 매우 긴 호흡으로 가야 합니다. 갑자기 어느 날 교회를 분립개척 하자! 오랫동안 지켜온 신앙의 가치와 전통을 어느날 갑자기 교회라는 게 이게 아니다라고 하면 교인들의 입장에서는 지금까지 내가 배운 것은 어떻게 되는거야? 굉장히 혼란스러워 하거든요.

그래서 그냥 함께하는 사람들과 더불어 우리는 누구고, 이 동네는 어떤 동네고, 우리는 어떻게 예배해야 하고, 어떻게 성경을 봐야 하고, 어떻게 기도해야 하고, 기도할 때 하나님은 우리가 어떻게 살아가길 원하시는지를 하나 하나 풀어나가다 보면 늦게 가더라도 함께 방향을 맞추어 가더라구요. 너무 빨리 뭔가를 빌려와서 교회의 변화를 시도하겠다고 하면 부담만 가중되고, 더 어려워질 수 있습니다. 유근재 교수님 말을 인용해서 성령충만 없이, 확실한 기도 없이. 교회를 끌어안고 더 많이 기도하고, 더 많이 성경 읽고, 하나님이 열어주시는 만큼씩 가는 것이 가장 안전한 출발점이 된다고 생각합니다. 거기에 보다 많은 에너지와 시간 투자를 할 필요가 있습니다.

황병배 교수(사회자)

베이직으로 돌아가서 긴 호흡을 가지고, 천천히 옳은 방향으로 가라고 말씀해 주셨습니다. 다시 한 번 장시간 동안 함께 해 주신 여러분들께 감사드립니다. 작년 1회, 올해 2회입니다. 제가 올해 회장으로 선교학회를 섬기고 있는데요. 선교학회와 세뛰새KOREA의 연합 사역이 참 귀한데요. 이후에도 3, 4, 5회 계속 이어지면 참 좋겠다. 이것이 우리 선교신학회가 한국 교회를 섬길 수 있는 일이라고 임원 회의를 하면서 부탁의 말씀을 드렸습니다. 올해 2회는 코로나 확산으로 온라인으로 진행되었지만 내년 3회 때는 1, 2회 때보다 더 성황리에, 선교적 교회를 이끄시는 더 많은 분들을 초대해서 허심탄회하게 논의할 수 있는 시간이 되기를 기도하겠습니다. 다시 한 번 이 어려운 시기엔 모임을 갖게 해주신 하나님께 감사드리고, 세뛰새KOREA 대표이신 송창근 목사님께 진심으로 감사드립니다. 오늘 장시간 발제해 주시고 논찬해 주신 목사님, 교수님들께 감사드립니다. 이상으로 마치겠습니다.

감사합니다.